ブルーガイド
てくてく歩き ③

JN011586

日光 戦場ヶ原 奥鬼怒

目次

てくてく歩き ── 日光・戦場ヶ原・奥鬼怒

ブルーガイド 3

鬼怒川・川治温泉

奥鬼怒

旅の準備のアドバイス

てくちゃん

てくてく歩きシリーズの案内役を務めるシロアヒル。趣味は旅行。旅先でおいしいものを食べすぎてほぼ飛ぶことができなくなり、徒歩と公共交通機関を駆使して日本全国を気ままに旅している。

●宿泊施設の料金は、ホテルの場合、Ｓはシングルルームで1人利用、Ｗはダブルルーム、Ｔはツインルームで、ともに2名利用時、食事付きの旅館などの場合は平日1室2名利用時の、いずれも1人あたりの消費税、サービス料込みの最低料金からの表示です。また、別途入湯税が必要な場合があります。
●各種料金については、税込みのおとな料金を載せています。
●店などの休みについては、原則として定休日を載せ、年末年始、お盆休みなどは省略してある場合がありますのでご注意ください。LOと表示されている時間はラストオーダーの時間です。
●鉄道やバスについては、季節などにより運行時刻や便数が極端に変わることがありますので、必ず事前にご確認ください。
●この本の各種データは2021年5月現在のものです（消費税率は10％）。これらのデータは変動する可能性がありますので、ご承知おきください。

目的地さくいん地図

旅する前に、大まかなエリアと注目の観光スポットがどこに
あるのかこの地図で全体をつかんでおきましょう。

［ 日光東照宮 ］
日光といえば
絢爛豪華な日光東照宮
P.28

［ 霧降高原 ］
ニッコウキスゲの名所
高原ハイク
P.58

［ 中禅寺湖 ］
男体山の雄姿を
湖面に映す
P.66

［ 戦場ヶ原 ］
男体山の麓に広がる
湖底湿原を歩く
P.80

［ 日光湯元 ］
古くから栄えた
湯量豊富な温泉
P.81

［ 鬼怒川温泉 ］
定番温泉地で
ゆっくり過ごす
P.85

［ 東武ワールドスクウェア ］
楽しいテーマパークで
思いっきり遊ぶ
P.89

［ 湯西川温泉 ］
大自然に抱かれた
平家の里
P.108

N

1:208,000

0   5km

福島県

鬼怒沼 **114**

八丁ノ湯 **116**

手白沢温泉 **118**

加仁湯 **117**

81 日光山温泉寺

82 日光湯元
ビジターセンター

81 日光湯元

82 湯ノ湖

80 湯滝

80 戦場ヶ原

78 小田代原

82 光徳牧場

69 竜頭ノ滝

76 西ノ湖

76 千手ケ浜

55 ハイキングが楽しめるポイント

81 開放感のある露天風呂がある温泉

28 ぜひ訪れたいエリア・ポイント

21 この本で紹介している
エリア・ポイント

湯西川水の郷 110
湯西川温泉 108
平家の里 108
平家落人民俗資料館 108
湯西川温泉駅　五十里湖 102
野岩鉄道会津鬼怒川線
102 川治ダム
102 川治温泉
103 川治温泉薬師の湯
川治湯元駅
川治温泉駅
川俣温泉 112
川俣湖 112
瀬戸合峡 112
上人一休の湯 113
100 龍王峡
龍王峡駅
91 鬼怒川ライン下り
91 おさるの山
94 鬼怒川公園岩風呂
85 鬼怒川温泉
鬼怒川公園駅
栃木県
鬼怒川温泉駅
89 東武ワールド
スクウェア
東武ワールドスクウェア駅
90 江戸ワンダーランド
日光江戸村
小佐越駅
58 丸山ハイキングコース
58 大山ハイキングコース
58 霧降高原
92 日光竹久夢二
美術館
新高徳駅
59 霧降ノ滝
二荒山神社中宮祠 67
日光自然博物館 66
40 輪王寺大猷院
56 寂光ノ滝
57 裏見ノ滝
華厳ノ滝 67
明智平 66
いろは坂 21
清滝
IC
日光二荒山神社 38
日光東照宮 28
日光山輪王寺 36
東武
日光
駅
日光
IC
日光宇都宮道路
大桑駅
東武鬼怒川線
大谷向駅
上今市駅
今市
IC
下今市駅
東武日光線
日光線
57 日光和の代温泉
やしおの湯
56 日光植物園
日光山中禅寺 68
中禅寺湖クルージング 67
イタリア大使館別荘記念公園 69
中禅寺湖 66
神橋 38
日光田母沢
御用邸記念公園 55
含満ガ淵 55
今市駅
（日光道）
土沢
IC
下野
大沢駅
明神駅
浅草へ
宇都宮へ

ベストシーズンカレンダー

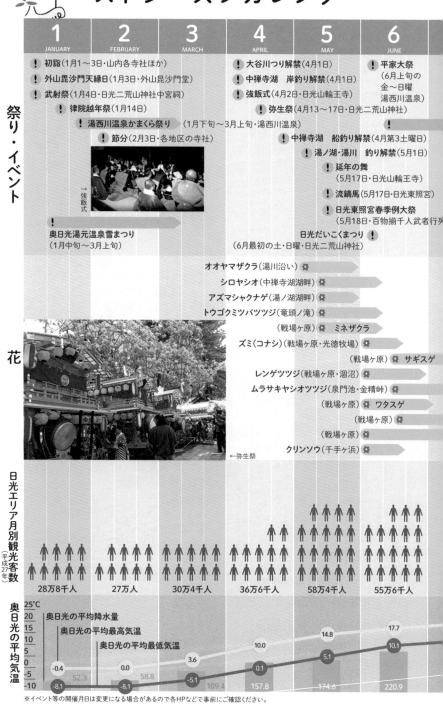

	1 JANUARY	**2** FEBRUARY	**3** MARCH	**4** APRIL	**5** MAY	**6** JUNE

祭り・イベント

- 初詣（1月1〜3日・山内各寺社ほか）
- 外山毘沙門天縁日（1月3日・外山毘沙門堂）
- 武射祭（1月4日・日光二荒山神社中宮祠）
- 律院越年祭（1月14日）
- 湯西川温泉かまくら祭り（1月下旬〜3月上旬・湯西川温泉）
- 節分（2月3日・各地区の寺社）
- 奥日光湯元温泉雪まつり（1月中旬〜3月上旬）
- 大谷川つり解禁（4月1日）
- 中禅寺湖 岸釣り解禁（4月1日）
- 強飯式（4月2日・日光山輪王寺）
- 弥生祭（4月13〜17日・日光二荒山神社）
- 中禅寺湖 船釣り解禁（4月第3土曜日）
- 湯ノ湖・湯川 釣り解禁（5月1日）
- 延年の舞（5月17日・日光山輪王寺）
- 流鏑馬（5月17日・日光東照宮）
- 日光東照宮春季例大祭（5月18日・百物揃千人武者行列）
- 平家大祭（6月上旬の金〜日曜 湯西川温泉）
- 日光だいこくまつり（6月最初の土・日曜・日光二荒山神社）

→強飯式

花

- オオヤマザクラ（湯川沿い）
- シロヤシオ（中禅寺湖湖畔）
- アズマシャクナゲ（湯ノ湖湖畔）
- トウゴクミツバツツジ（竜頭ノ滝）
- （戦場ヶ原）ミネザクラ
- ズミ（コナシ）（戦場ヶ原・光徳牧場）
- （戦場ヶ原）サギスゲ
- レンゲツツジ（戦場ヶ原・涸沼）
- ムラサキヤシオツツジ（泉門池・金精峠）
- （戦場ヶ原）ワタスゲ
- （戦場ヶ原）
- （戦場ヶ原）
- クリンソウ（千手ヶ浜）

←弥生祭

日光エリア月別観光客数（平成27年）

1月	2月	3月	4月	5月	6月
28万8千人	27万人	30万4千人	36万6千人	58万4千人	55万6千人

奥日光の平均気温

奥日光の平均降水量
奥日光の平均最高気温
奥日光の平均最低気温

	1月	2月	3月	4月	5月	6月
平均最高気温	-0.4	0.0	3.6	10.0	14.8	17.7
平均最低気温	-8.1	-8.1	-5.1	0.1	5.1	10.1
平均降水量	52.3	58.8	109.4	157.8	174.6	220.9

※イベント等の開催月日は変更になる場合があるので各HPなどで事前にご確認ください。

7 JULY	8 AUGUST	9 SEPTEMBER	10 OCTOBER	11 NOVEMBER	12 DECEMBER

！ 龍王祭（7月下旬の金〜日曜・鬼怒川温泉・川治温泉）

！ 竹の宵まつり（7月上旬〜下旬の金〜日曜・祝日・湯西川温泉）

！ 男体山登拝祭 深山踊り
（7月31日〜8月7日・日光二荒山神社中宮祠・男体山）

！ 日光東照宮秋季祭
（10月17日・百物揃千人武者行列）

ニッコウキスゲ開花
（6月中旬〜7月上旬・霧降高原キスゲ平園地）

！ いろは坂の紅葉（10月下旬）

！ オーロラファンタジー
（8月4〜19日・湯西川温泉）

除夜祭・歳末会（12月31日）！

！
日光そばまつり
（11月中〜下旬の金〜日曜・
日光だいや川公園）

！ 扇の的弓道大会（8月4日・中禅寺湖湖畔）

子供強飯式
（11月25日・生岡神社）

←湯ノ湖

✿ ニシキウツギ（湯ノ湖湖畔）

✿ ヤマオダマキ （戦場ヶ原・涸沼）

✿ ノリウツギ （湯元・湯ノ湖湖畔）

✿ ホザキシモツケ（戦場ヶ原・小田代原）

✿ ニッコウアザミ （小田代原）

✿ シシウド （湯元）

✿ ホタルブクロ ホタルブクロ（涸沼・切込湖・刈込湖）

↑百物揃千人行列

✿ オオハンゴンソウ（千手ヶ原・湯元）

✿ アキノキリンソウ （湯元）

↓日光山輪王寺薪能

✿ トネアザミ （湯元・小田代原）

アヤメ

ツルコケモモ

61万5千人　　64万2千人　　56万1千人　　92万2千人　　61万9千人　　31万7千人

	21.6	22.6	18.6	13.2			400mm
	14.4	15.3	11.6	5.1	8.2		300
					-0.2	2.9	200
	277.0	394.2	363.2	201.8	107.6	51.4	-5.0	100

奥日光の平均降雨量

徳川の栄華を今に伝える、
幽玄なる美の世界

―東照宮を飾る彫刻の数々―

写真………菅　洋志

徳川家康をまつる東照宮が、今に見る絢爛豪華な建物になったのは、
三代将軍・家光の「寛永の大造営」の頃。
幕府の財力を尽くして造り上げられた伽藍の各所を、
精緻かつ優美な彫刻が、見事に彩っている。
そのひとつひとつに込められた、信仰や願い、思いの数々。
東照宮を参詣することは、これら彫刻を鑑賞し、
その意味を感じとることでもある。

陽明門にはおよそ
500体もの彫刻が
施されている。江
戸初期の工芸技術
の集大成といえる
建造物

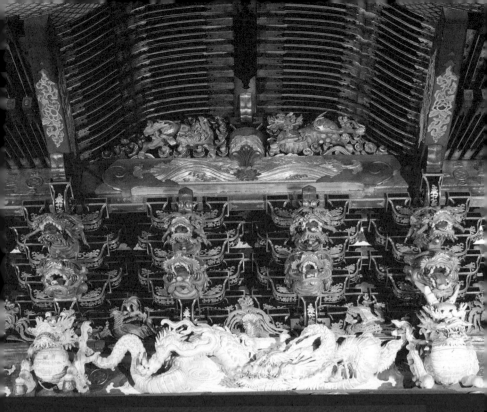

東照宮を守り続ける霊獣たち

東照宮に刻まれた霊獣は、全部で26種類ある。ほとんどが想像
上の動物で、象やサイ、獏なども実在のとはかなり異なる。その
姿は独特で、彫刻の中でもかなり目をひく。

1	2	5
3	4	

1：獅子＜陽明門＞東照宮の霊獣彫刻の中で最も多いのが唐獅子。全652体のうちその半数を陽明門にみることができる。組物拳鼻や頭貫鼻、頭貫などに集中している。

2：想像の象＜上神庫＞象は地上最大の動物で、普賢菩薩の乗物とされる。「想像の象」は、狩野探幽が本物の象を知らずに下絵を描いたため、本物の象に似ていない。

3：仁王像＜表門＞表門は三間一戸の八脚門で、左右を仁王像が守る。家康の干支である虎ほか、豹、唐獅子、獏など小振りの門にしては彫刻が見事。

4：唐獅子＜陽明門＞写真下の白い動物。獅子鼻で、角や牙はなく襟足が巻き毛、尾が火炎状になっている。その力強い姿のため、聖域を守る動物とされている。

5：竜と息＜陽明門＞下段の白い彫刻は「目貫の竜」、その上、緑の彫刻の下の列が「息」（いきまたはそく。読み方不明）。

管　洋志（すが ひろし）
福岡出身。日本大学芸術学部写真学科卒。
第六回土門拳賞受賞。
写真集　『大日光』—講談社
『魔界・天界・不思議界・バリ』—講談社
『バリ・超夢幻界』—旺文社
『メコン4525km』—実業之日本社
『奄美—シマに生きて』—新潮社

陽明門背後真上には北極星を中心にした北辰の道

日光門前
山内

エリアの旅のアドバイス

日光山内・霧降高原へ

　世界遺産に登録された広大な山内(さんない)には、日光東照宮、日光二荒山(にっことうしょうぐう)(ふたらさん)神社、日光山輪王寺(りんのうじ)の二社一寺が並ぶ。

　その中心的存在の東照宮は、「日光を見ずして結構と言うなかれ」といわれるように、贅を尽くした豪華絢爛な造りに思わず目を奪われ、美しい建築美と彫刻の数々を眺めているだけでどんどん時が過ぎてしまう。1日、できれば2日かけてじっくり歩きたい。

日光への行き方

　浅草から東武鉄道を利用する。東武日光駅へ直通の特急は「けごん」と「リバティけごん」の2本。浅草発が午前中合わせて平日6便、土曜・休日には「きりふり」も含め9便運行している。それでも指定席がとれない場合は、鬼怒川温泉行きの特急「きぬ」または「スペーシアきぬがわ」を利用して、下今市駅(東武日光駅の2駅手前)から、東武日光駅行きの普通電車に乗り換えるといい。時間的にみても「けごん」や「リバティけごん」利用の場合と、ほとんど変わらない。

　JRを利用の場合、新宿から日光直通の特急「日光」が1日1往復運行。途中池袋、大宮などに停車した後、栗橋駅で東武日光線に連絡して東武日光まで乗り換えなしで行くことができる(多客時には大船・横浜・品川や八王子発着の便もある)。

　また、新宿発鬼怒川温泉直通の特急「きぬがわ」「スペーシアきぬがわ」(p.86)を利用して下今市まで行き、下今市で東武日光行きの電車に乗り換える方法もある。

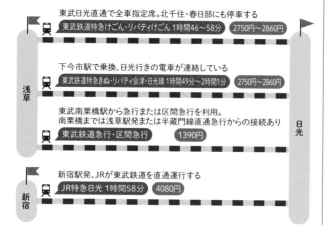

浅草

東武日光直通で全車指定席。北千住・春日部にも停車する
🚃 東武鉄道特急けごん・リバティけごん 1時間46〜58分　2750円〜2860円

下今市駅で乗換、日光行きの電車が連絡している
🚃 東武鉄道特急きぬ・リバティ会津・日光線 1時間49分〜2時間1分　2750円〜2860円

東武南栗橋駅から急行または区間急行を利用。南栗橋までは浅草駅発または半蔵門線直通急行からの接続あり
🚃 東武鉄道急行・区間急行　1390円

新宿駅発、JRが東武鉄道を直通運行する
🚃 JR特急日光 1時間58分　4080円

新宿

日光

エリア内の交通

バスの問い合わせ先

東武バス日光(株)
♪0288-54-1138

観光の問い合わせ先

日光市観光協会日光支部
♪0288-54-2495
日光市観光振興課
♪0288-21-5170
日光市日光観光課
♪0288-53-3795

●バスで移動する

日光山内や御用邸方面へは、清滝行きのほか中禅寺温泉行き、湯元温泉行き(p.62参照)、1日乗り降り自由の「世界遺産めぐり手形」600円で乗れる世界遺産めぐりバスが運行。東武日光駅前バス乗り場 2A 2B 2C に発着する。

霧降高原方面の便は、東武日光駅前の 2D 番バス乗り場に発着する。1日12本程度(冬期はさらに減便)。

いずれの便も、東武のフリーパスで利用できる(p.120・121)。

●日光市街のバス路線

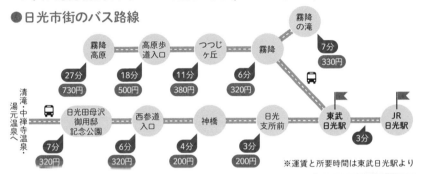

清滝・中禅寺温泉・湯元温泉へ

霧降の滝 — 7分 330円

霧降高原 27分 730円 — 高原歩道入口 18分 500円 — つつじヶ丘 11分 380円 — 霧降 6分 320円

日光田母沢御用邸記念公園 7分 320円 — 西参道入口 6分 320円 — 神橋 4分 200円 — 日光支所前 3分 200円 — 東武日光駅 3分 — JR日光駅

※運賃と所要時間は東武日光駅より

●タクシーで移動する

JR・東武日光駅前それぞれにタクシー乗り場がある。観光タクシーの場合、日光駅から東照宮を拝観し、中禅寺湖まで往復すると中型で3万円程度。ジャンボタクシーもあり、9人乗りで5時間4万3700円〜。日光山内＋霧降の滝なら中型で1万8000円程度。

タクシーの問い合わせ先

日光交通予約センター
♪0288-54-1188
中央交通
♪0288-54-2138

●定期観光バスに乗る

料金には拝観料と中禅寺金谷ホテルでの昼食代を含む。道路の渋滞で遅延することもある。なお予約制だが、当日席の空きがあれば乗車可。通年毎日運行。午後からの半日コースもある。

定期観光バスの予約・問い合わせ先

東武日光駅ツーリストセンター
♪0288-54-0864
鬼怒川温泉駅ツーリストセンター
♪0288-77-1158
東武バス日光日光営業所
♪0288-54-1138

観光コース	料金
鬼怒川温泉発(9:15)→東武日光駅発(10:00)→神橋→二荒山中宮祠(八乙女神楽・宝物館)→立木観音(案内人付)→中禅寺金谷ホテル＜昼食＞→華厳の滝→西参道(二社一寺拝観・案内人付)→東武日光駅着(16:45)・鬼怒川温泉駅着(17:25)	7600円(東武日光駅乗下車)、7900円(鬼怒川温泉駅乗下車)

まわる順のヒント

日光駅に近いほうから順序よく見ていくなら、神橋バス停から輪王寺に参拝し、東照宮、二荒山神社、大猷院と回るのがモデルコースだ。時間があるなら、その途中にある日光東照宮美術館、日光東照宮宝物館に寄れば、山内はほぼ完璧。ひと通り山内を見るには、最低半日は必要となる。

エリアの旅のアドバイス

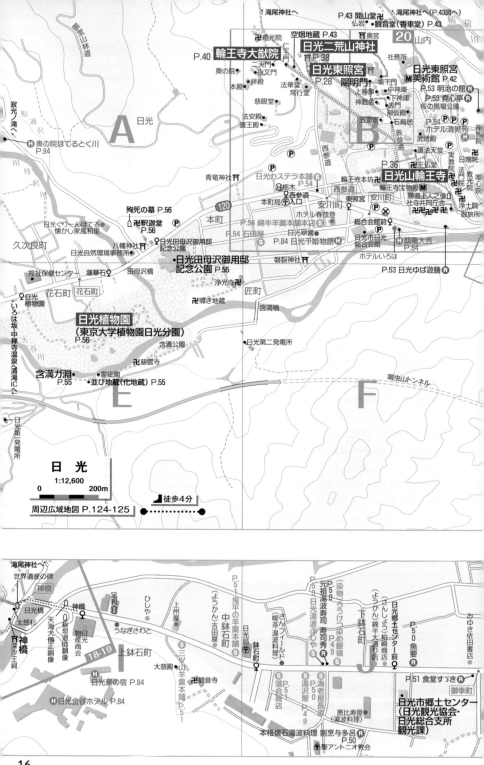

滝尾神社へ

滝尾神社へ（P.43図へ）

P.43 開山堂卍
仏岩 ●観音堂（香車堂）P.43

空烟地蔵 P.43

卍龍光院

P.40

輪王寺大猷院 卍P.38

奥の院

二天門
夜叉門
本殿　拝殿

慈眼堂

法華堂
常行堂

法安堂

護法殿

日光二荒山神社

P.28

日光東照宮

陽明門

奥宮

社務所

坂下門
中神庫
下神庫
表門
上神庫
神厩舎　輪蔵
五重塔　石鳥居
　　表参道

P.36 卍三仏堂

20 山内

日光東照宮美術館 P.42

P.53 明治の館R
堯心亭R
桜の馬場公園

ホテル清晃苑
弥陀天堂
武徳殿
護法天堂
実教院
教中院
唯心院
教旅舘
浄土院

日光山輪王寺

輪王寺本坊
輪王寺宝物殿M
勝道上人の像
社寺共同仏舎

A　日光

寂光ノ滝へ

●奥の院ほてるとく川 P.84

根通林道

母沢川

青竜神社卍

日光カステラ本舗

120

西参道

安川登戻

B

P.84

殉死の墓 P.56

卍釈迦堂
P.56

八幡神社卍

日光ぐりーんほてる
懐かし家風月苑

日光自然環境事務所

久次良町

栃木
●日光局
西参道入口

本町局
本町

西参道

安川町

安川町

総合会館前

日光市日光総合会館

鶴廷大吉
P.84

●日光田母沢御用邸
記念公園 P.55

福祉保健センター

蓮華石

田母沢橋

花石町

花石町

田母沢御用邸
記念公園

P.54 綿半羊羹本舗本店
P.54 石国屋

日光翠園
S

P.84 日光千姫物語H

ホテルいろは

P.53 日光ゆば遊膳R

浄光寺卍

磐裂神社卍

卍導き地蔵

匠町

含満橋

日光植物園
（東京大学植物園日光分園）
P.56

含満公園

●日光第二発電所

鳴虫山トンネル

E

F

含満ガ淵
P.55

●霊抱庵

卍慈雲寺

●並び地蔵（化地蔵）P.55

いろは坂・中禅寺温泉・清滝IC へ

大谷川

日光第一発電所へ

日光

1:12,600

0　　　200m

周辺広域地図 P.124-125

徒歩4分

滝尾神社へ

世界遺産の碑

神橋

日光橋
太郎杉

H神橋
深沙王祠

日光物産商会

板垣退助銅像

天海大僧正銅像

足利

ひしや

上州屋

うなぎさわと

18-19

日光
物産商会

上鉢石町

ミハシ山羊羹本舗

大慈殿

報徳二宮神社卍

●日光星の宿 P.84

H日光金谷ホテル P.84

P.51 鬼平の羊羹本舗

中鉢石町

（ようかん）吉田屋

鉢石町

日光局

P.50 元祖湯波寿司

日光湯波巻き

（ようかん）綿半大通り

元祖日光寿司秀R

さんフィールド（喫茶）湯波料理

染物・うろけつ・柏屋商店

（さんしょう）柏商店

（せんしょう）染め銀杏

湯沢屋R

下鉢石町

P.50 魚要R

P.50 日光郷土センター前

みゆき依田書店

P.50 食堂すゞき R

御幸町

落合会館
P.51

湯沢屋

湯波（湯波料理）

海老屋長造
P.49

恵比寿屋
P.50

日光市郷土センター
（日光観光協会・
日光総合支所
観光課）

本格懐石湯波料理 割烹与多呂
P.50

卍聖アントニオ教会

16

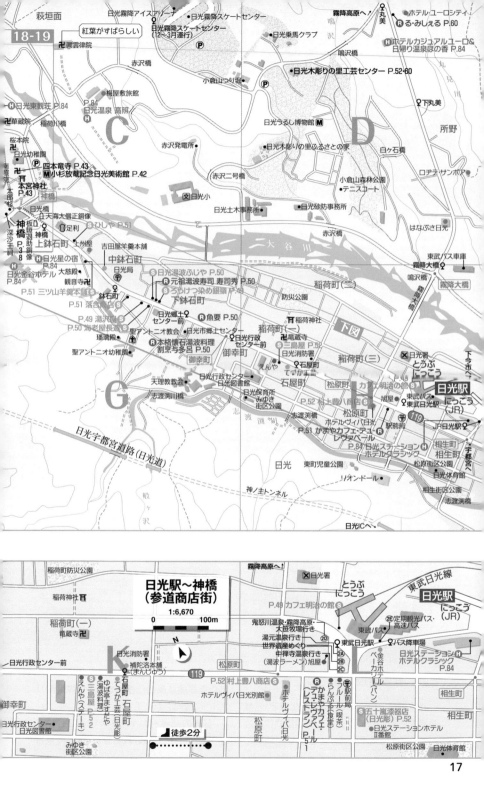

世界遺産「日光の社寺」

世界遺産とは、世界各地の文化遺産・自然遺産を人類の共通財産として国際的に保護し、次世代に継承していくことを目的とし

て、1972年11月にユネスコ総会で採択された世界遺産条約に基づいた「世界遺産リスト」に登録されたものをいう。

「日光の社寺」は、1999年12月2日に日本で10番目に登録された世界遺産で、東日

滝尾神社▲
（地図P43へ）

眠り猫がいる

東照宮社務所

日光東照宮美術館
P42

三猿がいる

C

御仮殿

受付所

光東照宮宝物館

護法天堂

御堂

相輪橖

灯籠

三仏堂

武徳殿

東照宮東参道入口・
ホテル清晃苑前
（世界遺産めぐりバス）

ホテル清晃苑 H
P84

日増院卍

堯心亭
P53

明治の館
P53

日光東観荘
P84

華蔵院卍

禅智院卍

桜本院卍

D

稲荷川橋

日光山輪王寺
P36

輪王寺拝観券
売り場

紫雲閣

宝物殿

逍遥園

表参道
（世界遺産めぐりバス）

医王院

光樹院

安養院

照尊院

護光院

輪王寺受付所

実教院卍

法門院卍

教光院卍

浄土院卍

勝道上人像前
（世界遺産めぐりバス）
勝道上人像・

南照院卍

四本竜寺卍
P43

本宮神社
P43

小杉放菴記念
日光美術館
P42

G

H

国道120号線

鶴亀大吉
P84

日光ゆば遊膳
P53

長坂

世界遺産の碑・
太郎杉

深沙王祠卍

神橋

日光橋

日光線

日光市街▲

神橋
P38

神橋

大谷川

本では初の文化遺産の登録となった。登録された範囲は日光東照宮、日光山輪王寺、日光二荒山神社の建造物と境内地。登録資産は東照宮が国宝陽明門をはじめとする40棟、二荒山神社が神橋など23棟、輪王寺と大猷院が合わせて38棟、ほか合わせて103棟となっている。

これらの遺産は今後、世界の共有財産として建造物はもちろん、周辺の自然環境とともに保護していくことが大切となる。

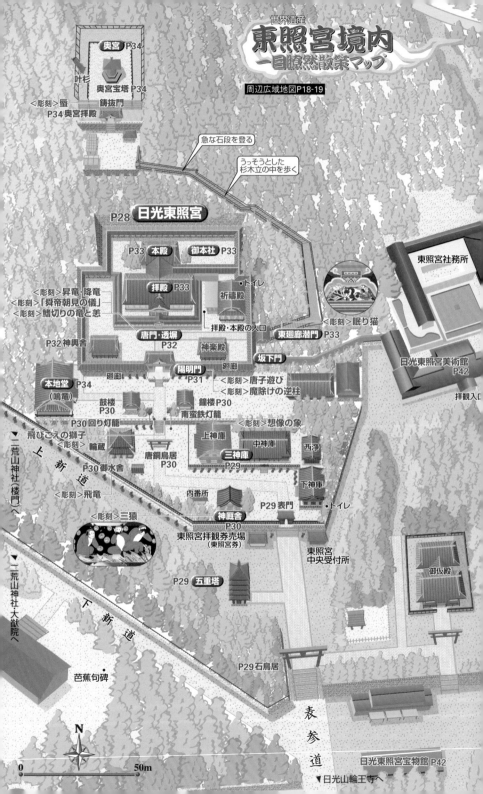

世界遺産
東照宮境内
一目瞭然散策マップ

周辺広域地図P18-19

奥宮 P34
叶杉
奥宮宝塔 P34
<彫刻>蟹
P34奥宮拝殿
鋳抜門

急な石段を登る

うっそうとした
杉木立の中を歩く

P28 日光東照宮

P33 本殿　御本社 P33

・トイレ

拝殿 P33

祈祷殿

東照宮社務所

<彫刻>昇竜・降竜
<彫刻>「舜帝朝見の儀」
<彫刻>鰭切りの竜と簑

唐門・透塀
P32

拝殿・本殿の入口

神輿舎
神楽殿
廻廊
<彫刻>眠り猫

東廻廊潜門 P33

P32神輿舎

陽明門
P31

坂下門

廻廊

日光東照宮美術館
P42

拝観入口

本地堂 P34
(鳴竜)

鼓楼
回り灯籠
P30

鐘楼 P30
南蛮鉄灯籠

<彫刻>唐子遊び
<彫刻>魔除けの逆柱

<彫刻>想像の象

二荒山神社(楼門)へ

上新道

飛びこえの獅子
<彫刻>
輪蔵
P30御水舎

唐銅鳥居
P30

上神庫

三神庫
P29

中神庫

西浄

下神庫

<彫刻>飛竜

内番所

<彫刻>三猿

神厩舎
P30

P29 表門

・トイレ

二荒山神社大猷院へ

下新道

東照宮拝券売場
(東照宮券)

東照宮
中央受付所

御仮殿

芭蕉句碑

P29 五重塔

P29石鳥居

N
0　　　　50m

P29石鳥居

表参道

日光東照宮宝物館 P42

▼日光山輪王寺へ

ピーク期（10月中〜下旬の週末）の混雑状況ワンポイント

　日光は10月中〜下旬の週末が、紅葉の盛りであり観光のベストシーズン。それだけに、ゴールデンウィークや夏休みに比べても、人出が多く渋滞がかなりひどい。その影響で旅程が狂うことが多く、旅の計画の際は以下の3つの点に注意しよう。

（1）帰りのバスは、予定の電車の1〜2本前の電車に間に合うように余裕を持って計画を

（2）奥日光からのバスが遅れる可能性。東武日光駅発の特急の指定券はとらず、区間急行もしくは新幹線で帰る

（3）戦場ヶ原・中禅寺湖はとくに混雑。昼過ぎ、遅くとも15時頃までには出発する

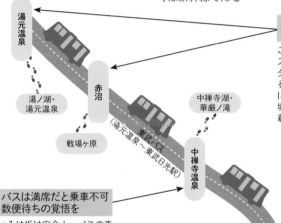

湯元温泉

湯ノ湖・湯元温泉

戦場ヶ原

赤沼

（湯元温泉〜東武日光駅）
東武バス

中禅寺湖・華厳ノ滝

中禅寺温泉

遅くても15時には日光行きのバスに乗ろう

この時期は東武日光駅までバスは最悪4〜5時間かかり、夕方発の浅草行きの列車に乗るなら、13〜15時発のバスには乗っておきたい。いろは坂の渋滞の影響で、バスの到着は遅れ気味になる。

バスは満席だと乗車不可　数便待ちの覚悟を

いろは坂は安全上、バスの車内に立っての乗車ができず、満席になり次第乗車を締め切るので数便待つことも。この先、いろは坂下の馬返バス停まで途中停まらず、渋滞だと数時間かかるからトイレは忘れずに済ませておこう。

ピーク期の週末には、14時〜夕方にかけて、中禅寺温泉バス停からいろは坂の下の馬返バス停まで、渋滞が相当激しい。ひどいときはしばらくの間、渋滞でまったく動かなくなり、普段は16分のところが2〜3時間以上かかることもある。

いろは坂
大渋滞ポイント

神橋

日光東武駅

浅草

東武鉄道

日光山内

始発の区間急行や普通電車も1〜2本待ちの混雑

東武日光駅を16〜18時頃に出発する南栗橋、浅草行きの列車は、乗りきれないこともあるぐらい混雑。渋滞の影響でバスの到着時間が読めないため、指定券を取った特急に乗り遅れることも。JR日光線で宇都宮から新幹線という手もある。

渋滞がひどければ駅までは歩いて

この先、東武日光駅までの国道119号線も、ピーク期の週末は渋滞がひどい。神橋バス停からは、門前町を散策しながら歩いた方が早いこともある。

『堂者引き』の案内で日光を知る

輪王寺、東照宮、そして二荒山神社の
二社一寺が共存している日光。
その思想と教えを、
案内人のプロ『堂者引き』が語る

三仏堂の三尊像は山の神が仏に化身して日本の
安泰を守っている（© 日光山輪王寺）

日光のはじまり

　日光は奈良時代から平安時代にかけての僧・勝道上人が7歳のとき、夢枕に現われた明星天子の「お前は修業をして山を開け」というお告げを聞いて、男体山を開いたのが始まりです。男体山を霊場としたのは、日光から見て西にあり、「明星」が沈む場所だったからです。西方浄土という言葉からもわかるように、人が死ぬと目指す「浄土」の方向でもあります。

「日光は神も仏も一緒」

　その日光の信仰は、神仏習合です。神も仏も一緒。崇めたてるものが仏であり、神でもあるのです。たとえば山は水を与えてくれ、そこに生える木々で暖もとれるし煮炊きもできる、獲物を食べることもできる。山はすばらしい。けれど荒れたら、手のつけようがない。だから樵がいてマタギがいて修験者がいて、きちんと管理し、山を守る。不浄のものが入ってはいけない、と山を神聖化して崇拝したのです。

TEKU TEKU COLUMN

山の神が日本の鬼門を守る　輪王寺三仏堂

　ここ輪王寺（p.36）は鬼門を封じるお役目をしています。どこの鬼門かというと、富士山の鬼門の方位に当たります。ということは日本全体の鬼門を封じている、ということになります。

「三仏は日光の山の化身です」

　先ほど日光では山を神聖化して信仰したと説明したとおり、輪王寺三仏堂の仏様は山の神の化身です。山は遠くにあるため身近で拝めるようにと、山の神聖さという実体のないものを仏像という形にしました。右は男体山を具現化した千手観音（せんじゅかんのん）で、父を表しています。父はたくさん働いて母子を守る。中央は女峰山の阿弥陀如来（にょほうさん　あみだにょらい）で母、阿弥陀如来は総てを包みこむ極楽浄土の仏様。左は子どもで太郎山（たろうさん　ばとうかんのん）の馬頭観音です。

「怖い顔の仏様が子どもを守っています」

　馬頭観音は子どもが悪い道に行かないように守ってくれる観音様です。子どもを守ってくれるのに、なぜか怖い顔をしています。これは憤怒形といって、悪いことを正してくれる、いましめてくれる仏様なのです。頭を見ると、馬の冠をのせています。馬が道の草を食べるように、私たちが持ってしまう悪い心を食べ、子どもの人生の道を守ってくれるのです。

堂者引きって？

　日光の案内人のこと。堂者とは社寺仏閣を連れだって参拝する人たちのことで、彼らを引率するので"引き"をつけて堂者引きといいます。堂者引きは1815（文化12）年、日光奉行初鹿野信政により組織された正式な職業です。江戸時代には日光を参拝するのに代官所の許可が必要で、身分により参拝できる場所も違っていました。今は手軽になっています。

堂者引きを依頼するには？

　利用する人数によって料金が変わり、1〜20名の場合は2時間で6000円。修学旅行の小・中学生の場合は5500円。超過30分につき3000円。予約・申し込みは「日光殿堂案内共同組合」♪0288-54-0641まで。

案内人　堂者引き歴約50年の春日武之さん

『堂者引き』の案内で日光を知る

「神仏を拝むのは願いに向かって努力をすること」

仏像にはさまざまな姿がありますが、それは大自然の教えをさまざまな姿に化身して、仏の教えとして我々に伝えてくれているからです。それぞれにお役目がありますから、こっちの仏様に行けばこういうこと、あそこの仏様へ行けばこういうことを守ってくれる、となるわけです。

「ここから山内を
見渡せます」

! HINT

堂者引きの目
三仏堂は現在修復工事中。7階くらいの高さの覆屋の上の天空回廊からは、お堂の大屋根や山内、日光市街を見下ろせる素晴らしい眺めです。工事が続く10年くらいの間だけの、またとない機会ですので、ぜひ上がってみてください(三仏堂拝観券:400円)。

輪王寺から
広い参道にでて東照宮へ

江戸時代には篤い信仰を寄せられて栄えた日光ですが、明治になって神仏習合をやめて、神仏分離するようにとの政府の命が下りました。日光にとって、東照宮 (p.28) にとって存続の危機を迎えた訳ですが、そんな時、明治天皇の東北巡幸がありました。

日光に三日間滞在された明治天皇はつぶさにご覧になられ、「景観を損なわぬように」と仰せられた。その一言で日光東照宮は昔のまま残ったのです。

「東大寺と東照宮には
共通点があります」

東照宮の表門には左右に、阿吽の仁王像が安置されています。裏側には阿吽の狛犬がいます。仁王像と狛犬がいるこの形式は、奈良の東大寺と日光東照宮だけです。

表門の石段を見ると、普通より一段一段

表門裏側に配された狛犬

© 日光山輪王寺(覆屋写真とも)

表門を潜ると参道はかぎの手に曲がっている

が高く見えませんか。門を潜った先の石畳の参道も、かぎ型になっています。これは防御のため、お城と同じ設計になっているのです。前を見ると、三神庫（さんじんこ）の建物が並んでいます。これも本殿、お城なら天守閣を見せないための仕掛けです。

「日光にはいろいろなことが　隠されています」

三神庫の3つの建物は同じような校倉（あぜくら）造（づくり）ですが、見た目の変化を出しています。右は簡素ですが、中央は横に広く軒下を付けて豪華に、左は側面に象の彫刻があります。見る角度によって人の目を楽しませる工夫がされているのです。ぱっと見て、あれ？　何これ、と考えさせる。それを解説する者がいないとわかりませんから、江戸時代から堂者引きがいた訳です。

この象の彫刻も江戸時代の日本に象が来たのは東照宮造営の後の時代なので、想像で製作されたといわれていますが、室町時代の福井県に漂着して天皇に献上された象がいて、そのイメージが元ともいわれているのです。そんな逸話も私たちが伝えます。

三神庫の向かい側にあるのは神厩舎（しんきゅうしゃ）です。ここにきた観光客たちは「あ、三猿だ」といって写真を撮って終わり。建物がなんであるのか、気にもしません。なぜ神厩舎に猿がいるのか。それは猿が馬の病気を治したという故事にならって馬の守り神とし

「親」を意味する木の上の猿

有名な三猿は「躾」を示している

ているからです。悪い病気が早く「去る」、という意味もあります。全部で16匹いるのですが、これが八つに分かれ、それぞれ人間の生き方を表わしています。

「全部で16匹の猿が人生の　8つのシーンを表わしています」

子どもを抱いた猿の彫刻は、高い木に登ってまわりを見渡し、家族を守っています。この「木」に「立」って「見」る、この字を集めると「親」という字になります。

「親」を意味する猿の隣にある三猿は、悪いことは見ない言わない聞かないことを示しています。これは親から子どもへの教えで、守れば子どもは美しく育つことから、「身」が「美」しい、すなわち躾という漢字につながります（p.30にも他の猿の彫刻の解説があります）。

『堂者引き』の案内で日光を知る

25

いよいよハイライト
東照宮陽明門へ

神厩舎の先を曲がると正面に銅鳥居、奥に陽明門、その奥に拝殿・本殿があります。それらを一直線上に見る位置が、パワースポットです。後ろへ延びる直線の先は、江戸城になります。

「陽明門の奥、唐門で 家康公を探して見てください」

陽明門も生き方を教えています。上段に竜の頭がたくさん並んでいますね。それぞれ少しずつ口の開け具合が微妙に違っています。同じようでも違う、十人十色ということを表わしています。中段は子どもが遊びに興じている彫刻。平和な世ですね。

唐門の唐破風（からはふ）の彫刻は舜帝朝見（しゅんていちょうけん）の儀（p.32）ですが、中央の舜帝の顔は家康公にそっくりだといわれています。

舜帝朝見の儀

東照宮といえば有名な眠り猫ですが、参道をまっすぐ来たところから見てください。右肩が見えますね。いつでも飛びかかれる力強い姿勢に見えます。ところが少しずつ移動すると顔つきが変わってきて、真下から見ると穏やかな表情で眠っている姿になります。裏には雀が遊んでいる。これも平和な世の中を表わしているのです。

「日光を見れば日本人の 平和な心がわかります」

多くの外国人が日光を訪れますが、外国の人に神仏習合を説明するのは難しいです。外国は多くが一神教です。ときに排他的になって相手を責め、戦いを招くこともあります。しかし日本人は神も仏も信じられる。それはあいまいなのではなく、心が強いからです。いろいろな神様や仏様がいて、それぞれに役割がある。だからどの神様も受け入れられる。平和な国民なんですね。

 HINT

堂者引きの目
陽明門の彫刻には様々な意味が込められています。中段の彫刻に注目してみてください。

君主に必要とされる書や画をたしなむ人物

琴を奏でる彫刻。音楽も君主の教養のひとつ

鳳凰に人が乗っているのは宇宙船を示すそう

気を吐く姿は携帯電話での通話を示すそう

「日光の力を分けてもらえる
パワースポットはピンポイント。
鳥居の前で探してみてください」

!HINT

堂者引きの目

　正面に銅鳥居、奥に陽明門、その奥に拝殿・本殿が一直線に見え、鳥居と本殿の屋根が重ならない位置が東照宮のパワースポットです。パワースポットからほんの一、二歩下がると僅かにズレて、もう直線状に並ばなくなります。参道の曲がり角の石をみると直角になっていないので、このズレがわかります。本殿とパワースポットを結ぶ線をずっと延ばしていくと、江戸城に届きます。

わずかなズレを修正する角の石

お話しできることはまだまだあります。

本殿
拝殿
陽明門
銅鳥居
江戸城

日光東照宮

●データ

東照宮券は1300円、宝物館との共通券2100円。表門に向かって左の単独拝観券発行所で販売。ここで日本語・英語・中国語対応の音声ガイド500円もレンタルできる。9:00〜16:00（11月〜3月は15:00まで）。受付は30分前まで。

📞 0288-54-0560
📍 日光市山内2301
🚫 無休
🅿 200台（有料）

日光観光の中心

徳川家康の威光を伝える建造物

　徳川300年の基礎を築いた徳川家康は、死後も江戸の真北に当たる日光から幕府の行く末を見守ろうとした。その霊を祀る東照宮は孫の家光の時代に豪華絢爛な建築に生まれ変わり、数々の歴史に彩られながら現在に至っている。平成の大修理が2019年に完了。

POINT ■ **日光東照宮の歴史**

徳川家康の遺言に従い神霊を遷し 孫・家光の代に現在の華麗な姿に

　徳川家康は、将軍職を二代秀忠に譲った後も、駿府で大御所として過ごし院政をしいた。そして死の直前、「御体は久能へ納、御葬礼を八増上寺にて申付、御位牌を八三州之大樹寺二立、一周忌も過候て以後日光山に小き堂をたて、勧請し候へ、八州之鎮守ニ可被為成との御意候」（崇伝『本光国師日記』）と遺した。

　それにしたがって、死後朝廷から贈られた東照大権現の神号を受け、日光に神として祀ったのが東照宮だ。日光は江戸のほぼ真北、北極星を背に幕府を見守り、天下泰平を確認する位置といえる。家康は、ここから今日までの歳月を、見守り続けているのだ。

　東照宮が大きく変わるのが、家康の

孫・三代将軍家光の時代だ。家光は祖父をたいへん敬愛し、質素に祀っていた東照宮を、当時の建築技術や経済、幕府の威光すべてを注いで建て直したのである。「寛永の大造営」と呼ばれ、1636（寛永13）年に完成した（p.35参照）。それが、現在見る東照宮である。この大造営によって江戸初期の文化が今に伝えられ、ひいては世界遺産に登録される礎になったのは確かである。

世界遺産　WORLD HERITAGE
日光の社寺
Shrines and Temples of Nikko

石鳥居・五重塔
いしどりい・ごじゅうのとう

地図 p.18-B、20

　広い参道の正面、10段の石段と、その上にそびえる高さ9mの石鳥居から、いよいよ東照宮が始まる。神域の入口にふさわしい森厳な雰囲気だが、これにはわけがある。石段が上に行くほど狭く、1段の高さが低くなり、遠近法で鳥居を高く遠く見せているのだ。

　鳥居をくぐって左手を見ると、朱塗りの五重塔が立つ。若狭の小浜藩主・酒井忠勝が献納したものだ。直径60cmの心柱が4層目からつり下げられた耐震構造になっている。一番下の初層から4層までは和様式、一

番上の5層目のみが唐様式になっている。屋根の下の垂木の向きを観察して、違いを見つけよう。

　この先の表門から内側が、有料となる。

表門・三神庫
おもてもん・さんじんこ

地図 p.18-B、20

　仁王像が左右を守る表門をくぐると、右に1棟、正面に2棟の建物がある。これが右から下神庫、中神庫、上神庫で、総称して三神庫という。外部は校倉造りを模した建物で、中には百物揃千人武者行列（p.6参照）の、渡御祭奉仕者1200人分の装束が納められている。ここでは、上神庫の妻面にある「想像の象」と呼ばれる象の彫刻が必見だ。

　近くまでは入れないが、下神庫の後ろに立つ朱塗りの外壁の建物は、西浄と呼ばれる神様のお手洗い。中には9つの漆塗りの便器が並んでいるというが、（神様以外は）誰も使っていない。

想像の象（上神庫）

　上神庫の妻面を飾る2頭の動物の彫刻は「象」といわれているのだが、どうもゾウには似ていない。これは、彫刻の下絵を描いた狩野探幽が、実物の象を知らずに描いたからといわれ、「想像の象」と呼ばれている。

　しかし、東照宮にはほかに本物の象とそっくりの象もいるので、短期間にこれだけの彫刻を施した建築物を造営するにあたって、ひとりのプロデューサーが全体を見ていたのではなく、さまざまな人のイメージやアイディアが入っていたのでは、と推察される。

29

HINT

三猿（神厩舎）

「見ざる・言わざる・聞かざる」で知られる三猿だが、実際には猿の一生を描きながら、人の生涯のありようを語っている絵物語となっている。

母猿が手をかざして子猿の将来を見、子猿は信頼して母猿を見上げている。子どもの将来の幸福を願う親の心を表わしている。	下を向く猿と、それを慰めるように背中に手を当て、真剣な視線で人生を考える猿。迷う青年期には、頼りになる友が必要だ。	恋が成就した。結ばれた2頭の猿の前には荒波が横たわり、上には瑞雲がたなびく。これからの山あり谷ありの人生の象徴だ。	おなかの大きい母猿。小猿もやがて成長して子どもを出産する年頃をむかえ、母猿となる……。そして最初の絵に戻る。

神厩舎・三猿
しんきゅうしゃ・さんざる

地図 p.18-B、20

　上神庫の向かいにある神厩舎は、東照宮に仕える神馬が"出勤"してくるところ。勤務時間は10時〜14時（雨や雪の日は休み）。きらびやかな東照宮の中で、唯一の素木造りで、「三猿」の彫刻で有名。三猿というと「見ざる・言わざる・聞かざる」だけかと思われがちだが、実際には8枚の絵で人の一生を描いている。猿の彫刻があるのは、猿が馬の健康と安全を守るという言い伝えによるもの。神厩舎と表門の間に立つ幹の太さ3mもある高野槇は、家光のお手植えと伝えられている。

御水舎
おみずや

地図 p.18-B、20

　今ではどこの神社にも御手洗があるが、その元となっ

たのがこの御水舎。それ以前は、川や湧水で身を清めていた。1618（元和4）年に佐賀藩主鍋島勝茂が奉納したもので、花崗岩の水盤にサイフォンの原理で水が噴き上がってくる。花崗岩の12本の柱で屋根を支え、屋根の下には翼のある飛竜や波など水に関係した彫刻が見られる。

鐘楼・鼓楼・回り灯籠
しょうろう・ころう・まわりどうろう

地図 p.18-B、20

　日本で最初に造られた青銅の鳥居・唐銅鳥居をくぐり、石段を上ると正面に華やかな陽明門が立つ。その手前にいくつか見るべきものがある。

　左右に建つ二層の建物は、右が鐘楼、左が鼓楼。それぞれ、釣り鐘と太鼓を納めている。ここにも動物、霊獣など数多くの彫刻が見られる。また、ここには外国からの献納品の灯籠が集められている。中でも目立つのが、八角形の大きな回り灯籠で、寛永年間（1624〜1644）にオランダの東インド会社から奉納されたもの。三つ葉葵の紋が逆さ

になっている
ので、「逆紋の
回り灯籠」と
呼ばれてい
る。そのほか
に、シャンデ

リア型の釣灯籠、スタンド型の蓮灯籠など
があり、いずれも興味深い。

陽明門
ようめいもん

地図 p.18-B、20
＊2019年度まで修理工事中。通行は可

　高さ11.1m、幅7mの門は、遠くから見る
と全体に白と金色が目立つが、近づくに従
っておびただしい数の彫刻に圧倒される。
その数508。江戸初期の工芸技術の集大成
が、ここに見られる。

　彫刻は、霊獣と人物が多い。霊獣の中に
は、想像上の動物もある。最初に目を引く
のは、「東照大権現」の扁額の下の竜のような
2列の動物だ。これは、上は竜だが、下は

「息」という。イキかソクか、読み方もわから
ない動物だ。そのほかにも「麒麟」、竜の顔に
蹄のある足の「竜馬」など、よく似ているが
少しずつ違った動物がびっしりと彫り込ま
れている。

　また、「唐子遊び」という子どもたちの彫
刻や、魔除けのために逆さに立てられたと
いう「魔除けの逆柱」なども見どころだ。

　平成の大修理では存在がわからなかった
「巣籠の鶴」の壁画も見つかっている。

　陽明門は、日がな一日見ていても飽きない
の意で「日暮の門」とも呼ばれる。彫刻に込
められたさまざまな願いを考えてみたい。

唐子遊び（陽明門）

　陽明門を見上げると、高欄の部分に「唐子遊び」
と呼ばれる子どもたちの遊ぶ姿が刻まれている。
よく見ると、さまざまな遊びの中で、いじめたり
いじめられたり、仲よく遊び興じたり、作ったも
のを壊そうとしたり、雪の日に無邪気に雪だるま
を作る姿など子どもたちはさまざまな表情を見
せている。

　このような子どもたちの彫刻には、「子どもが
屈託なく遊べる平和な世の中でありたい」という
理想が込められている、といわれている。

魔除けの逆柱（陽明門）

　陽明門は12本の柱で支えられているが、その中
の1本が逆さに立てられている（写真左）。すべて
の柱にはグリ紋という渦巻きを2つつなげた形の
文様が全体に刻まれているが、入っていくと左側
3番目の柱だけこの文様が逆向きになっている。

　これは、「形あるものは、完成した瞬間から崩壊
が始まる」といわれることから、1カ所完璧でな
い部分を残して建物の長命を願ったのだという。
「及ばざるは過ぎたるより勝れり」という、徳川家
康が遺した『東照公御遺訓』を実践するもの。

日光東照宮

31

神輿舎
しんよしゃ

地図 p.18-B、20

　陽明門をくぐると左手に立つ小さな黒塗りの建物が、神輿舎。中には3基の神輿が納められている。中央が徳川家康、向かって右が豊臣秀吉、左が源頼朝の神輿で、春秋の百物揃千人武者行列の際に渡御する。

　建物の天井には、日本一の美人天女といわれる「天女舞楽の図」が描かれているので、暗くて見づらいがのぞいてみよう。

 HINT

昇竜・降竜（唐門）

　唐門の両側の柱には、昇竜・降竜が見られる。これは、紫檀と黒檀の色を生かした象嵌細工で、竜の迫力ある表情、姿など、見事なもの。竜は天と地を自在に行き来する霊獣で、天子のシンボル。

唐門
からもん

地図 p.18-B、20

　陽明門を入ると正面にある間口3mほどの、本社を守る重要な門。江戸時代には将軍に拝謁できる身分の幕臣・大名だけがくぐることを許された。今も大きな祭典の時と国賓相当の参拝者にだけ開かれる。ここの彫刻は特に細かいものが多く、寄せ木細工の昇竜・降竜（のぼりりゅうくだりりゅう）のような高い技術のものや、人物の彫刻の多いことに特徴がある。左右に延びる透塀（すきべい）は総延長160mあり、ここにも鳥や植物などが彫り込まれている。

 HINT

「舜帝朝見の儀」（しゅんていちょうけんのぎ）（唐門）

　唐門の唐破風の下には、竹林の七賢人、「舜帝朝見の儀」など、人物が精緻な彫刻で描かれている。東照宮の中で、人物彫刻のあるのは、陽明門と唐門だけだ。これらは古代中国の故事に由来するもので、この彫刻には政権交代の理想が込められているという。平成の年号はこの舜帝が残した言葉「内平外成」から付けられたそうだ。

眠り猫（東廻廊蟇股）

徳川家康の眠る墓所・奥宮の入口にあたる、東廻廊の馬道の上の蟇股に刻まれている斑の猫。東照宮で最も有名な彫刻だ。

この眠り猫、いわば家康の霊を守るべき重要な場所にいながら、何でのんきに眠っているのだろ

うか。これには諸説あるが、「猫がのんびり眠っていられるほど平和な世の中」への願いが込められているというのが有力。その根拠となるのが、眠り猫の裏側にあるスズメの彫刻。猫が眠っているからスズメも安心していられる。平穏な世の中の象徴だ。これは、徳川の世の天下泰平を祈っているということだ。名工・左甚五郎の作ともいわれるが、その説は定かでない。

↑眠り猫の裏ではスズメが遊ぶ
←泰平の世に眠り続ける眠り猫

御本社
ごほんしゃ

地図 p.18-B、20

代表的な神社建築のひとつ・権現造りの様式で建てられた東照宮の中心の建物。前から拝殿、石の間、本殿が工の字形に配置されたひと続きになっている。徳川家康の神霊が祀られる本殿は神聖な神の世界、そこに参拝する拝殿は人間世界、それをつなぐのが石の間という意味合いをもっている。拝殿は、かつては一万石以上の大名でなければ上がれず、着座の位置もきちんと決められていた。将軍着座の間は大広間とは別室で、天井に徳川の紋所三葉葵が描かれて

いる。現在も、徳川宗家の参拝に使われる部屋だ。法親王着座の間もある。

大名の参拝する大広間は、天井が折り上げ格天井に、狩野探幽とその一門が100頭の竜を描き、また長押には三十六歌仙の額がかかっている。左右の杉の板戸に狩野探幽が描いた麒麟と白沢は、ともに想像上の動物で、麒麟は平和な時だけに姿を現し、白沢は立派な王にだけ助言するとされる。拝殿から階段を3段下りた石の間は、本来石敷きの通路だが、今は畳敷き。正面5段の階段の上に本殿があり見学はここまで。内部は外陣、内陣、内々陣に別れ、内々陣に徳川家康が秀吉、頼朝とともに祀られている。

東廻廊潜門
ひがしかいろうくぐりもん

地図 p.18-B、20

徳川家康の墓がある奥宮（奥津城）に通じる坂下門の入口にあたり、蟇股を飾るのが「眠り猫」の彫刻。東照宮の数ある彫刻の中でも最も有名なもの。実際に見てみると「こんなに小さいの？」と目を疑ってしまうのも事実。うっかり見落とさぬように。

奥宮
おくみや

地図 p.18-B、20

　眠り猫の下をくぐり、坂下門から207の石段を上っていくと、徳川家康の眠る奥宮。いわれなければ気がつかないが、石段の踏み石はすべて大きな一枚石、石柵も一枚石をくりぬいたものだ。青銅の鳥居をくぐり、さらに石段を上ると奥宮拝殿。全体が真鍮や銅板飾りで落ち着いた雰囲気だ。裏手の、石柵に囲まれて立つ高さ5mの宝塔に、家康の神柩（しんきゅう）が納められている。当初は木造だったが、後に石造に替えられ、五代将軍・綱吉（つなよし）が唐銅（からかね）製にして現在に至っている。

奥宮まで杉木立の中を登る

小さいが貫禄を感じさせる奥宮拝殿

静かな聖域に眠る家康墓所・宝塔

本地堂（薬師堂）・鳴竜
ほんじどう（やくしどう）・なきりゅう

地図 p.18-B、20

　本地堂は陽明門の手前、左奥にあるが、参拝順路は最後になる。徳川家康が薬師如来の生まれ変わりとされたことから、家康の本地仏を祀るためにある。

　ここは、「鳴竜」の天井画で知られる。竜の頭の下で手をたたくと、天井と床とで共鳴して鈴を鳴らしたような余韻が聞こえるのだ。だが、大勢でてんでに手をたたくとよくわからないということで、最近は説明者が拍子木を鳴らして聞かせてくれる。拍手のような細い音ではないが、はっきりとした空気の振動で共鳴する。天井の竜は、1961（昭和36）年に狩野永信安信画が焼失、1968（昭和43）年に堅山南風（かたやまなんぷう）が復元した。

本地堂の天井画・鳴竜

家康の本地仏が祀られている

世界遺産を造営した徳川家光

密教信仰によって
家康はこの地を墓所に選んだ

徳川幕府をひらいた家康は、自分の死後の事を輪王寺第53世座主慈眼大師（天海僧上）に託した。それは「日光に小さな祠をたて、自分を神として祀ってほしい。そこで八州の鎮守として後世を見守る」というもの。

天海僧上は家康の信あつく、宗教行事の責任者として幕府に迎えられ、秀忠、家光と三代の将軍に仕えている。天海は遺言どおり江戸城の鬼門にあたるこの地に「東照大権現」、つまり東（江戸城）の守護神として祀ったのである。鬼門方向とはいえなぜ日光なのか。それは密教の「北辰北斗信仰」に基づくもので、北極星は宇宙を支配する大帝であるとする信仰と家康を重ね合わせ、北極星が頭上に輝く日光を選んだのだ。

祖父家康への敬愛の念が
創造させた壮大な廟

建立当時は小さな神社であった東照宮を、今日絢爛豪華な建造物にしたのは、三代将軍家光である。家光は二代将軍秀忠の二男として1604（慶長9）年に誕生。長男が早世したあと、両親の愛情は弟の秀長に注がれたが、祖父家康の強力な後押しで将軍職に着いた。そのため、ことのほか祖父を敬愛したという。家光は東照宮を立派な廟所に建て替えることで、祖父への気持を表わ

したのだ。それが1636（寛永13）年に行われた「寛永の大造営」である。

資源開発で得た資金が
造営に充てられた

総工費は、金56万8000両、銀100貫匁、米1000石。東照宮のほとんどの伽藍が造営されたこの大規模な工事は、全国から様々な職人が集まり、1年5カ月という短い期間で完成。その工事費は現在の貨幣価値で200億円とも400億円ともいわれる。

この大事業の財源は、どうやって工面されたのだろうか。家光は、全国で金山、銀山、銅山などを独自に開発し、直轄にしたのもその一つ。産出した金銀は幕府の財政を豊かに支えた。鎖国政策で他国との戦いがなく、ゆえに膨大な軍事費を使う必要がなかったことも財政を安定させた。家光はその資金で、敬愛する祖父家康公の意思を表わし伝えようと、大造営に踏み切ったのである。費用は民から集める必要はなく、すべて自前の資金で賄った。当時の幕府の求心力や安定した世相があってのことである。

家光は1651（慶安4）年48歳で死去。遺言は「死後も東照大権現にお仕えする」。1653（承応2）年、その遺言に従い輪王寺大猷院が造営され、本殿は家康の墓所の方向、宝塔は天海の墓所に向いて立てられた。

家光の墓所・皇嘉門（p.41参照）

三代将軍徳川家光（1604〜1651）

日光山輪王寺

●データ

輪王寺券（三仏堂と輪王寺大猷院が拝観可）900円。三仏堂単独拝観券（三仏堂のみ拝観可）400円。三仏堂正面の拝観券売り場で販売。
逍遙園、宝物殿は別料金で300円。三仏堂正面売り場の向かい側に入館入園券売り場がある。8:00～17:00（11月～3月は16:00まで）。受付は30分前まで。
☎0288-54-0531
📍日光市山内2300
休 無休
P 100台（有料）

1200年の歴史を誇る寺院

日光山の御本尊・千手観音、阿弥陀如来、馬頭観音の金色に輝く三体を祀る輪王寺。東照宮よりはるか800年も以前から聖地・日光を守り続けている。境内は日光山内と中禅寺湖畔の2カ所にまたがる。

POINT 輪王寺の歴史
勝道上人以来1200余年の歴史の試練に耐えて残る寺院

勝道上人が開いた日光山は、平安時代に入って810（弘仁元）年には朝廷から満願寺の称号を受け、天台宗の寺となった。一時は所領18万石、僧坊は500を超えたという。しかし、安土桃山時代には小田原の北条氏に荷担したため、豊臣秀吉に寺領を没収されて衰退した。

次に盛り返したのは、天海上人が東照宮を創建した江戸時代。1654（承応3）年には門跡寺院となり1655（明暦元）年に、寺号も輪王寺と改められた。

しかし、明治に神仏分離令が発令され、門跡号も廃止、109カ寺あった寺も、元の満願寺1カ寺に戻されてしまった。1883（明治16）年になり、輪王寺の寺号も門跡の呼称も復活し、現在に至る。

見る＆歩く

三仏堂（大本堂）
さんぶつどう（だいほんどう）

地図 p.19-G
※2020年度まで修復工事中。内部の拝観は可

日光山輪王寺の本堂で、日光山内最大の木造建造物。国の重要文化財に指定されている。江戸時代までは東照宮と二荒山神社の間にあったものを、神仏分離令にしたがってここに移した。三仏堂というのは、千手観音、阿弥陀如来、馬頭観音の三体の東照三

社権現本地仏を祀っているお堂のため。間口33.8mの、日光山内最大という壮大な伽藍に圧倒されながら外陣に入ると、格子を透かして金色に輝く三体の仏様が拝せる。その前の格子には御正体と呼ばれる懸仏もある。薬師如来、阿弥陀如来、釈迦如来の三体だ。ここには、合わせて6体の仏様が祀られているということになる。

　脇から回って内陣に入ると、見上げるばかりの御本尊。高さは、台座から後背の頂上まで約8mもある。この三体は、男体山、女峰山、太郎山の日光三山の本地仏である。金色の寄木造で、現在のものは江戸初期のものと伝えられている。光量を落した薄暗い堂内で美しく輝く姿が神々しい。

相輪橖
そうりんとう

地図p.19-G

　三仏堂の斜め裏に立つ高さ13.2mの青銅製の塔。1643（寛永20）年に三代将軍・家光の発願で、天下泰平、国家安穏を祈って天海僧正が建立したもの。比叡山の宝塔に模して建てられ、法華経をはじめ1000部の経典が収蔵されている。

大護摩堂
だいごまどう

地図p.19-G

　相輪橖の裏手にある大護摩堂には、本尊の五大明王や七福神など30体の仏像が祀られている。なかでも、七福神の毘沙門天、大黒天、弁財天は、三仏堂に祀られる千手観音、阿弥陀如来、馬頭観音が、一般庶民に身近な福の神に姿を変えたものとされている。三仏堂が国家の安泰などの祈禱をする場所なら、ここは庶民ひとりひとりの願い事をかなえるために、護摩祈禱している場所と考えればいい。元は並びに建つ護法天堂に祀られていたが、1998年に大護摩堂が完成して移された。

宝物殿・逍遥園
ほうもつでん・しょうようえん

地図p.19-G

　三仏堂の前には、輪王寺所蔵の宝物を展示した宝物殿が建つ。1200年余りの長い歴史の中で、朝廷から門跡を迎え、徳川家の信仰を得た寺ならではの宝物は、3万点にも及ぶ。そのうち、国宝1件、重要文化財51件を含んでいる。その中から常時約50点を展示し、年に5回ほどの展示替えが行われる。仏像、仏具、経典、曼陀羅、絵画や装束など、その内容は多岐に渡っている。年代順に展示してあるので、輪王寺の歴史をふまえて鑑賞すると一層興味深い。

　宝物殿からは、逍遥園という池泉回遊式の庭園に出られる。一説には小堀遠州の作と伝えられ、輪王寺法親王宮の庭として江戸初期に造園された。鶴亀の中の島や岬が変化を見せる池が中心となっていて、池畔には季節の花が彩りを添える。輪王寺特別行事や展示替えのための年10日ほどの不定休あり。

日光二荒山神社

日光山岳信仰の中心となる神社

　はるかに広がる日光連山全体を神域とする、ダイナミックなスケールの神社。勝道上人以来、日光の山岳信仰の中心となってきた。また、下野国の一の宮として古くから信仰を集める。

●データ

境内は自由。本社と神苑（化灯籠含む）は入苑料300円。
8:00～17:00（11月～3月は9:00～16:00）。閉門は各30分前。
♪ 0288-54-0535
📍 日光市山内2307
㊡ 無休
Ⓟ 50台（有料）

勝道上人像

POINT 日光二荒山神社の歴史
補陀洛浄土を訪ねる勝道上人の二荒山登頂の第一歩となった地

　二荒山（男体山）を御神体とする、日光の信仰の中心となる神社。日光の地名は、二荒を音読みした「ニコウ」に、「日」と「光」の字を当てたものとされる。

　奈良時代末、勝道上人が大谷川北岸に四本竜寺を建て、790（延暦9）年に本宮神社を建てた。これが、現在の山内。782（天応2）年に、上人が初めて二荒山を登頂したとき、山頂に祠を祀ったのが奥宮。784（延暦3）年には中禅寺湖北岸に日光山権現（中宮祠）を祀った。滝尾神社（女峰山）、本宮神社（太郎山）と併せ、明治の神仏分離まで三社権現と呼ばれた。

　祭神は大己貴命（福、縁結びの神）、田心姫命（子授け、安産、子育ての神）、味耜高彦根命（農業、漁業の神）の親子3神。

見る&歩く

神橋
しんきょう

地図 p.19-H

　重要文化財。勝道上人がこの地に感得して訪れた際に、川が渡れずに神仏に祈願したところ、深沙王が現れて2匹の蛇を投げ入れると、橋に変わったと伝えられ、別名「山菅の蛇橋」という。寛永の大造替の際に朱塗りとなった。渡橋300円。8:00～16:30（11月～3月は9:00～15:30）。無休。

楼門
ろうもん

地図 p.18-B

　東照宮から石灯籠の並ぶ上新道を通って二荒山神社に向かうと、最初に朱塗り入母屋造りの楼門をくぐる。広々とした境内には落ち着いた書院造りの社務所や献酒樽などが見える。

拝殿・渡殿・本殿
はいでん・わたりでん・ほんでん

地図 p.18-A・B
＊2014年から本殿修理工事に入る

　本社となるのが、拝殿、渡殿、本殿。拝殿は単層入母屋造りの弁柄漆塗りで、彫刻などのない落ち着いた造りになっている。その奥に、東照宮や大猷院と同様の形で渡殿、本殿が続く。渡殿では、結婚式や七五三などの特別祈禱が行われる。本殿は神苑から外観を眺めることができる。単層入母屋造りだが、千鳥破風や唐破風のついた華麗な八棟造り。東照宮よりは落ち着いた印象だ。ここだけは1619（元和5）年に、二代将軍・秀忠が東照宮を最初に造営した時の建物。

神苑
しんえん

地図 p.18-A

　神苑に入ると、鳥居の先に清水が湧いている。二荒霊泉である。これは、本殿裏の洞窟から湧いて眼病に霊験があるとされる薬師霊泉と、滝尾神社の境内に湧く酒の泉を合わせて引いたもの。クセのないおいしい水だ。傍らに休憩所の東屋があり、

この湧水でいれた抹茶などでひと息つける。抹茶と大福のセット700円、コーヒー400円。9時～16時。

神輿舎
しんよしゃ

地図 p.18-A

　神苑内にある素木の建物。ここは1617（元和3）年に東照宮を造営するとき、仮殿の拝殿として建てられたもので、山内では現存する最古の建物だ。中には、春に行われる弥生祭に渡御する本社・滝尾・本宮の神輿3基が納められている。

銅灯籠（化灯籠）
どうとうろう（ばけどうろう）

地図 p.18-A

　本殿を囲む透塀の傍らに、「化灯籠」とも呼ばれる灯籠が立っている。1292（正応5）年に鹿沼権三郎入道教阿と清原氏の女が奉納したものだが、ここに灯をともすと怪しげな姿に変わったという。灯籠の中台には、警固の武士が七十数カ所も切りつけたという刀痕が残っている。

境内末社
けいだいまっしゃ

地図 p.18-A

　神輿舎の隣にある一間四方の日枝神社は、848（嘉祥元）年に慈覚大師が祀ったとされ、大山咋命が祭神。

　神苑入口に立つ大国殿には、全国でもここだけという手招きしている大黒天が祀られている。大黒天は大己貴命（大国主命）のこと。6月に行われる「だいこくまつり」は、新しい祭りだ。建物は、柿葺き宝形造り。

輪王寺大猷院

霊廟建築を代表する荘厳な美

日光を現在のような華麗な姿に変えた立役者・三代将軍徳川家光の眠る廟所。抑制のきいた装飾美は、江戸初期を代表する建築と評価されている。

●データ

輪王寺大猷院単独拝観券は550円。輪王寺券（p.36データ欄参照）。

8:00〜17:00（11月〜3月は16:00まで）。受付は30分前まで。

☎ 0288-54-0531

📍 日光市山内2300

休 無休　P なし

洗練された装飾美を誇る

POINT

輪王寺大猷院の歴史

祖父・家康のため東照宮を建て死後も傍らに眠る徳川家光

大猷院というのは三代将軍・家光の法号で、ここは家光の墓所である。大猷院とは「大きな仕事を成し遂げた」という意味をもつ。

1651（慶安4）年、48歳で没した家光は祖父・家康を敬愛し、「死んだ後も東照大権現にお仕えする」と遺言したことから、東照宮の傍らに埋葬された。

「家康公を祀る廟所を凌いではならない」という遺命によって、きらびやかな東照宮よりは地味だが、細部まで時の技術が傾注されていて、江戸初期を代表する建築と評価されている。

本殿、相の間、拝殿が国宝に、さらに唐門、夜叉門などが重要文化財に指定されている。

見る＆歩く

仁王門
におうもん

地図 p.18-A

二荒山神社の前を抜けて行くと、石段の上に仁王門が立っている。8本の脚に支えられた両妻流破風造りの門で、「阿」と「吽」の口の形になった仁王像・密迹金剛と那羅延金剛が両脇を固めている。

ここをくぐると、左手に校倉造りの宝庫と御水舎がある。御水舎の天井には、狩野永真安信の描いた竜が見られる。

二天門
にてんもん

地図 p.18-A

　日光山内で最大の二天門は、高欄や屋根を支える肘木が美しく配され、下の方は朱色、なかほどは黒、見上げた時によく目に入る屋根の下には群青、朱、緑青などの彩色が施されて、重厚な美しさを見せている。「大猷院」の扁額(へんがく)は、後水尾天皇(ごみずのお)の宸筆(しんぴつ)。四天王の中の持国天と広目天の二天が正面を守っていることから、二天門と呼ばれる。

夜叉門
やしゃもん

地図 p.18-A

　二天門から夜叉門を結ぶ鈎(かぎ)の手に曲がった参道には、33対の唐銅製(からかね)の灯籠が並んでいる。これは、十万石以上の大名から奉納されたものだ。

　さらに石段を上った上に建つのが夜叉門。4体の夜叉が四方を守っている。門全体にボタンの花がデザインされていることから、牡丹門(ぼたんもん)とも呼ばれる。

唐門
からもん

地図 p.18-A

　夜叉門の奥に立つ小ぶりの門が、唐門。高さ3m、間口1.8mしかないが、鶴や白竜などの霊獣、松、花、吉祥文様などの精緻な彫刻がちりばめられ、金箔も多く使われているので、優雅な華やかさをもっている。左右の柱も漆箔金襴巻(しっぱくきんらんまき)で、華麗な印象だ。左右に延びる透塀にも、上羽目に鳩、下羽目に松竹梅の透かし彫りが施されている。

拝殿・相の間・本殿
はいでん・あいのま・ほんでん

地図 p.18-A

　大猷院も東照宮と同様、権現造りだが、拝殿と本殿をつなぐ相の間が拝殿から下がっていない。64畳ある拝殿からは、本殿の入口までが見通せる形になっている。

　拝殿の格天井には、狩野一門が描いたというさまざまな姿の140体の竜が、紺地に金で描かれている。下から見ると盛り上がって見えるという。正面には狩野探幽と弟・永真の描いた唐獅子(からじし)の障壁画も見られる。

　拝殿の正面中央から続く畳敷きの部分が相の間。ここは将軍が着座して法要を行った場所で、格天井の鳳凰(ほうおう)、本殿との間の昇竜・降竜など、見るべきものがある。

　本殿は非公開。家光の木像が安置されている。外に回って外観を見ると、黒が基調の拝殿とは趣が異なり、唐戸(からど)や柱などそこかしこに金彩が施されている。

皇嘉門・奥院 (非公開)
こうかもん・おくのいん

地図 p.18-A

　本殿領域を出て石段を上ったところに、竜宮門とも呼ばれる皇嘉門がある。ここから先が家光の墓所。非公開だが、門の天井には、天女が描かれ、ここから内が聖域であることを表わしているという。

　さらに石段を上ると、黒塗りの奥院拝殿があり、その後ろに鋳抜門(いぬきもん)、門の中に唐銅製の宝塔が立っている。宝塔の中には釈迦如来像と霊牌が安置され、家光が崇敬する天海の墓所に向かって建てられている。奥院は静謐な雰囲気に満ち、約360年の間、聖域を保っている。

日光山内・その他

見る＆歩く

小杉放菴記念日光美術館
こすぎほうあんきねんにっこうびじゅつかん

地図p.19-H
神橋から🚶3分

日光市出身の画家・小杉放菴（1881〜1964）の作品を中心に、「自然へのいつくしみ」をテーマに美術作品を展示する市立美術館。放菴の作品は、洋画、日本画、漫画、書など多岐にわたり、テーマも多彩だ。約1400点の作品を中心に、放菴とその周辺の画家の作品を、企画に沿って年に7〜8回展示替えする。

また、2階をエントランスと展示室、1階をミュージアムショップや外から入れるカフェにした建物も、日光の緑や大谷川の自然と調和して目を引く。2階のエントランスホールでは、閉館後不定期にコンサートが開かれている。

> 📞 0288-50-1200　📍 日光市山内2388-3
> 🕘 9:30〜17:00（最終入館16:30）
> 🈺 月曜（祝日・振替休日の場合は翌日）、展示替えおよび館内メンテナンス期間休館
> 💴 入館730円　🅿 60台（1時間まで無料）

日光東照宮美術館
にっこうとうしょうぐうびじゅつかん

地図p.19-C
西参道入口から🚶7分

1928（昭和3）年の建築以来、東照宮の社務所として使われていた朝陽閣を、1995（平成7）年から日光東照宮美術館として開館した。ここは美術品を展示する美術館ではなく、この建物自体が展示物である。

朝陽閣で注目すべき点は、2つある。ひとつは、杉並木の杉を使用していること。もうひとつが、建物が尺貫法でなくメートル法で建てられていること。尺貫法なら1間（＝約180㎝）×3尺（約90㎝）が基本単位になるが、ここでは2m×1mを単位としている。

また、建設当時は杉戸や襖などは何も描かれていない状態だったが、2階奥の上段の間（貴賓室）に描かれた横山大観『朝陽之図』をはじめ、1929（昭和4）年に横山大観と大観が選んだ中村岳陵、荒井寛方、堅山南風の3画伯が2カ月間泊まり込み日本画を描いた。参拝者の集う大広間や神職たちの控え室などとして使われてきた部屋を、絵を見ながらめぐっていくと、この旧社務所の格調の高さが実感できる。

> 📞 0288-54-0560　📍 日光市山内2301
> 🕘 9:00〜17:00（11月〜3月は〜16:00）。入館は30分前まで
> 🈺 無休　💴 入館800円
> 🅿 日光東照宮のPを利用

日光東照宮宝物館
にっこうとうしょうぐうほうもつかん

地図p.19-C
西参道入口から🚶5分

1968（昭和43）年に、東照宮350年祭を記念して開館。家康の遺品や東照宮に奉納された美術工芸品、古文書などを収蔵・展示する。展示品にはドイツ製の馬具など、西洋のものも数多く見られておもしろい。年に4回展示替えする。

> 📞 0288-54-2558　📍 日光市山内2301
> 🕘 8:00〜17:00（11月〜3月は〜16:00）。入館は30分前まで
> 🈺 展示替え期間　💴 入館1000円、東照宮との共通券2100円
> 🅿 日光東照宮のPを利用

MAP

史跡探勝路

しせきたんしょうろ

神橋から二社一寺の裏手の山へ登り、滝尾神社から二荒山神社に下りてくる、全長3.2 kmの史跡探勝路は「もうひとつの日光」と呼ばれている。日光を開いた勝道上人が、紫雲たなびく地を求めて大谷川を蛇の助けで渡り、辿りついた地に草庵を結んだという日光山信仰の原点を伝える場所だ。

石畳が敷かれたりした道は歩きやすく、所要約2時間の史跡散歩を楽しめる。子種石や縁結びの笹、仕込みに使うと旨い酒ができるという酒の泉など、素朴な民間信仰にも出合える。

開門・閉門などの時間はとくにないが、街灯もないので、明るい時間帯に歩きたい。とくに日没の早い秋から冬の間は、午後3時ごろまでに歩き終えるようにしたい。

01 神橋から 🚶3分

本宮神社・四本竜寺

ほんぐうじんじゃ・しほんりゅうじ

神社は日光開山の祖勝道上人が、紫雲のたなびいていた場所だとして790（延暦9）年に建てたと伝える小さな祠が始まり。男体山を遥拝する社となっている。裏手にある四本竜寺は勝道上人が結んだ草庵の跡に建てられた。

02 本宮神社から 🚶10分

輪王寺観音堂

りんのうじ かんのんどう

香車堂ともいわれ、産の宮として安産信仰を集める。無数の将棋駒の香車が奉納されており、祈願する人は1つ借りて行き、祈願達成したら新しい駒を添えて返す習わしがある。裏手に6体の石仏を安置する仏岩がある。

03 輪王寺観音堂から 🚶30分

大小便きんぜいの碑

これより神聖な滝尾神社境内。用を足すことを禁じる、と記してあり、参拝者の心得を示している。

04 大小便きんぜいの碑から 🚶10分

滝尾神社

たきのおじんじゃ

820（弘仁11）年、弘法大師が神霊降下を祈願したところ、女神の姿が現れたので創建したと伝える。参道途中の二ノ鳥居は「運試しの鳥居」といい、上部の額束に開いた穴に小石を3つ投げ、通った数で運を占った。朱塗りの楼門をくぐれば拝殿と本殿がある。本殿前の縁結びの笹は、親指と小指だけで葉を結べれば思う人と結婚できるとか。

酒の泉は本殿裏にある

泉で、この水を元水に酒を仕込むと旨い酒ができるとして、醸造関係者の信仰を得ている。子種石は子宝祈願の霊石。

05 滝尾神社から 🚶25分

行者堂

ぎょうじゃどう

山岳信仰の道場である日光で、修験者が寝起きした小堂。堂内に役小角と侍鬼2体を安置している。

06 行者堂から 🚶30分

空烟地蔵

くうえんじぞう

勝道上人が補陀洛山（男体山）を目指してここまで来たとき、地蔵菩薩が現われて励ましたという伝説にちなみ、家光の忠臣・阿部忠秋の家族が造立。空烟は忠秋の号。小姓だった忠秋は家光に生涯仕え、家光没後は家綱に仕えた。

湯波

栄養価の高い食材

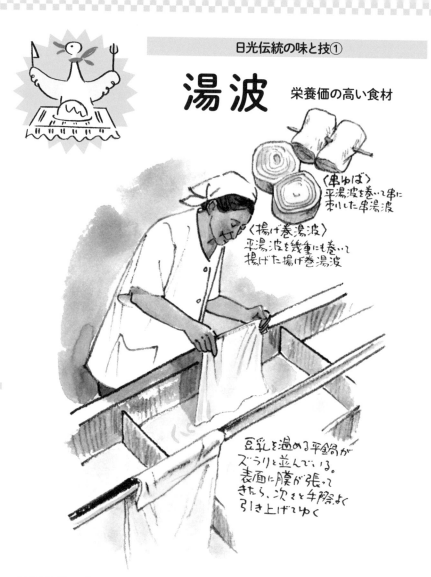

〈串ゆば〉
平湯波を巻いて串に刺した串湯波

〈揚げ巻湯波〉
平湯波を幾重にも巻いて揚げた揚げ巻湯波

豆乳を過める平鍋がズラリと並んでいる。表面に膜が張ってきたら、次々と手際よく引き上げてゆく

 日光を開山した 勝道上人以来の食材

　もともと湯波は中国伝来のもので、奈良時代以来、信仰の聖地として多くの修験者や僧侶などが集まった日光で、精進料理の食材として利用されたと考えられる。とくに、東照宮が開かれてからは徳川家や各藩の大名たちの参拝も多く、また輪王寺が皇室から門跡を迎えて公家も日光を訪れるようになると、精進料理も高貴な人々のためのものが工夫されるようになった。そのなかで洗練されてきたのが、日光湯波である。

 高タンパク、低カロリーの ヘルシー食品

　湯波は、豆乳を加熱した時に表面にできる皮膜を引き上げたもの。畑の肉といわれる大豆の良質なタンパク質、そのほかカルシウム、鉄、各種ビタミンを豊富に含み、肉や魚を食べない僧侶たちにはそれに代わるタンパク源となってきた。

引き上げられた1枚の湯波を、幾重にも巻いたり、ひねったり、揚げたりして手を加え、料理に合わせて使い分ける。左上／右が生湯波の刺身湯波　左中／味噌を塗って串に刺した串湯波と揚げ巻湯波　左下／ワラビを巻いたものと揚げ巻湯波

次々に引き上げた生湯波は、やぶれるのを避けてしばらく干す

日光伝統の味と技

　湯波といっても、その形状からいくつかの名称がある。豆乳から引き上げたままのものは、生湯波または引き上げ湯波、刺身などといい、生醤油やわさび醤油などで食べる。これをそのまま乾燥させたのが平湯波、巻いたものを巻き湯波という。干しワラビなどの山菜を巻いたものもある。また何枚もの湯波を巻いたものを揚げた揚げ巻湯波は日光独特のもの。

湯波料理のアラカルト

　ごく淡白な味の湯波は、調理の仕方によってさまざまな味わいに仕上がる。とくに味をよく煮含めると絶品。湯波料理といえば一般に煮物、炊き合わせ、椀種などだが、日光では手軽な一品料理にも工夫されている。

　刺身、炊き合わせ、和え物のほか、湯波づくしの懐石料理をはじめ、湯波そば、湯波寿司、湯波カレー、湯波ラーメンなど。湯波の特徴をうまく生かし、味をしみ込ませおいしく仕上げてある。ほかにスナック菓子などもあって、様々に楽しめる。

【湯波の店】		
魚要	湯波そば	p.50参照
元祖湯波寿司 寿司秀	湯波寿司	p.50参照
本格懐石湯波料理 割烹与多呂	懐石料理	p.50参照
堯心亭	湯波料理	p.53参照
海老屋長造	湯波製品	p.50参照
日光湯波ふじや	湯波製品	p.50参照
日光ゆば遊膳	湯波料理	P.53参照

日光彫

江戸時代の技が生きる

図案を写した木地を、さまざまな周彫刻刀を使って彫っていく。線を彫るひっかき刀の使い方で表情が変わる。曲線などは手元の木地の方を動かして彫る

木地建門の職人におさえおそれた形が整えられている。これを元に製作体験もできる

彫刻刀はひっかき刀だけではなく、丸刀、三角刀、切り出し刀など各種あり、絵柄により使い分ける

寛永大造営の職人たちが伝えた技

1636年の「寛永の大造営」では、彫り物職人だけでも延べ40万人が全国から集まったという。東照宮完成後は補修に携わるため、あるいは周辺の神社仏閣の仕事をするため日光にとどまった職人もいた。森に恵まれた日光ではトチ、ホウ、カエデなどの材料も豊富で入手しやすかったため、彼らは仕事の合間に生活用品や調度類を作るようになり、それが日光彫として現在まで伝わっている。

日光彫の特徴は絵柄と彫り方

大輪の牡丹や菊、東照宮の彫刻を代表する竜など、華やかな絵柄が多い。小物は新しい図柄も取り入れ椿、ミズバショウ、ニッコウキスゲといった地元らしいものがみられる。

彫り方は平面に彫る技法として「浮かし彫」「沈み彫」そして、日光独特の「ひっかき彫」がある。呼称の通り東照宮などを修理する際、表面に塗られた漆を掻き落とすために考案された「引っ掻き」という刃物を使

東照宮の彫刻を代表する竜を描いた飾り大盆は、日光ならではの伝統を感じさせる。細かな彫りが見事だ

伝統の牡丹や桜を彫った小引き出し。いろいろな使い方ができる

５枚揃いの茶托。しっかりした量感があり、お茶を味わうのもひと味違ってくる

赤い漆が華やかな堆朱仕上げの小引き出し。乾いた布でふいてあげると艶が出る

う。刃先が鋭角に曲がっていて、手前に引くようにして手首のスナップを生かし、細かな線を彫る。「線彫」ともいわれる技法で、輪郭を描くのに用いられ、線の幅を自由に変えられるので、陰影の深い柔らかな線が描け、これが日光彫の特徴となっている。「浮かし彫」は絵柄の輪郭を直角に削りだして、平面の上へ浮き立たせるように彫る技法。もっとも難しい彫りだが、絵柄を立体的かつ美しさを出せる彫り方。「沈み彫」はこの反対で、輪郭の内側を彫って平面より少し沈むように彫る技法である。

漆仕上げの上品な工芸品

仕上げは摺り漆や透き漆を施し、渋い艶を出してあり、使い込むほどに風格がでてくる。本漆仕上げは伝統工芸品の指定を受けている。なお赤漆塗りや研ぎ出しをしてあるものは日光堆朱塗りと呼ばれ区別されている。また、手軽なものにはカシュー塗りがある。

作品は手の込んだ豪華な衝立や飾り棚、タンス、鏡台、テーブルなどから、文箱、銘々皿、茶托、菓子鉢、お盆、花台、小物では手鏡、長押掛けなど幅広い。

【日光彫の店】	
村上豊八商店	p.52参照
三島屋	p.52参照
五十嵐漆器店	p.52参照

日光伝統の味と技　その他

羊羹
「江戸に勝れり」と称された羊羹

今は通年味わえる　昔は冬限定だったが、

昔は羊羹といえば小豆粉、葛粉、もち米粉に甘味料を加えて蒸した蒸し羊羹であった。練り羊羹が登場するのは18世紀末ごろという。日光の羊羹は東照宮参拝のみやげとして生まれた。文政年間（1818～30）の随筆に江戸物より上等と紹介されている。

その理由は、日光に近い下野が豆の産地で、良質な小豆が入手できたこと、大谷川の清らかな水に恵まれたことである。

餡の良し悪しは晒しできまる。良質の水で晒したものは上品かつなめらかな餡に仕上がる。

日光は水羊羹も名物。餡はもちろん寒天を煮るのも日光の水なので味がいい。

【羊羹の店】
三ツ山羊羹本舗	p.51参照
鬼平の羊羹本舗	p.51参照
綿半羊羹本舗本店	p.54参照
日光カステラ本舗	p.54参照

しそ巻唐辛子
山中で修行する修験者の必携品

唐辛子の日本渡来は秀吉の朝鮮出兵時に持ち帰ったとする説が有力だが、日光ではそれ以前から伝わり勝道上人が開いた霊山で修行する修験者たちの必携食だったといわれる。

唐辛子に含まれるカプサイシンは、体内の脂肪を燃やして身体を温め、豊富なビタミンCは疲労回復を促す。また紫蘇は精油成分に殺菌作用があり、葉や茎には咳止め、

手作業で1本1本巻くが、規格に合わせたように見事に揃っている

消化促進作用がある。塩漬けにすることで塩分の補給と長期保存が可能となり、理にかなった食品なのである。

昔は紫蘇は高山に自生するツクバネシソを用いたが、いまは赤紫蘇を使用。熱々ご飯のおかずや薬味にもいい。

【しそ巻唐辛子の店】
落合商店　　　　p.51参照

日光下駄
神官や僧侶の「御免下駄」がルーツ

日光周辺は下野桐の産地であったので、日光二社一寺に仕える神官や僧侶、参拝する天皇の御使や大名などの履物として作られていたのが御免下駄である。

台木は裾広がりの台型で、足が冷えたり濡れたりしないように、硫黄でいぶした真竹の皮で編む草履表を、強い麻糸で縫い付けてある。歯の部分は砂利道でも雪道でも歩きやすいように、台木の中央部を切り取った太い歯で、前方と後方の先端に向かって斜めに切り取ってある。鼻緒は太く草履表に編みこんである。

ゆっくり歩くのに適しており、今も式祭行事で神官たちに使われている。現在の日光下駄は歯の部分が普通の下駄のように2本になり、砂利道でも早く歩ける。

伝統の御免下駄は歯に特徴がある

【日光下駄】
日光木彫りの里工芸センター　　p.52参照

食べる&買う／日光門前

ケーキ、喫茶／日光門前

カフェ明治の館
かふぇめいじのやかた

地図p.17-L
東武日光駅からすぐ

　2階の喫茶からは東武日光駅のホームを見下ろせる場所にあり、列車の待ち合わせに好適。1階は山内にあるレストラン明治の館のオリジナル菓子を販売。デンマーク産のクリームチーズを使ったチーズケーキの「ニルバーナ」小1944円、大3240円のほか、カスタードプリン550円、季節の果物を使ったタルトなど。喫茶では、コーヒー440円やニルバーナレア550円で一服したい。

☎ 0288-54-2149
📍 日光市松原4-3
🕐 10:00〜18:00
休 無休(1月〜3月は不定)
P なし

ろうけつ染め／日光門前

ろうけつ染め銀嶺
ろうけつぞめぎんれい

地図p.16-J
JR・東武日光駅から🚶15分。♀
日光郷土センター前から🚶 2分

　皮や布へのろうけつ染めと機織りをしながら、完成した作品の販売もしている。すべて手作りなので、ひとつとして同じ物はない。ろうけつ染めも機織りも、体験することができる。ろうけつ染めは、45cm角のハンカチ1200円。機織りは20cm角で1200円〜。2日前までに要予約。

☎ 0288-53-3113
📍 日光市下鉢石町 806
🕐 10:00〜18:00
休 不定
P 2台

酒まんじゅう／日光門前

湯沢屋
ゆざわや

地図p.16-J
JR・東武日光駅から🚶15分。♀
日光郷土センター前から🚶 3分

　1804(文化元)年の創業から変わらぬ酒饅頭が名物。酒種の酵母で皮を膨らませるもので、皮の香りとこしあんが、絶妙の味わいを奏でる。8個入り1280円〜。ほかに、水羊羹(10本入り1400円)、豆乳水羊羹などがある。

　隣接して茶寮もあり、酒饅頭や水羊羹などと抹茶とのセットなどが味わえる。

　また、5月頃からは日光の隠れた味覚、天然氷を使った特製和風かき氷が登場。綿菓子のようなふわふわの氷は、かけるシロップを2種類選んで注文。口に含むとすっと溶け、頭にキーンとこない。

※国道拡張による全面建替工事のため2021年11月まで休業。

☎ 0288-54-0038
📍 日光市下鉢石町 946
🕐 8:00〜18:00
　(茶寮は10:00〜16:00LO)
休 不定
P 3台

日光門前

49

そば／日光門前

魚要
うおよう

地図p.16-J
JR・東武日光駅から🚶12分。または♀日光郷土センター前からすぐ

そばの上に、ふじや（右参照）の揚巻や長寿揚げ（高野豆腐入り）、ぜんまい巻きの湯波などを甘めに煮含めたものをのせた「湯波そば」1300円の元祖。そばも、地粉を自家製粉して打ち上げている。そばと湯波は実にヘルシーな組み合わせだ。

- 📞 0288-54-0333
- 📍 日光市御幸町593
- 🕐 11:00〜15:00、17:00〜19:00
- ❌ 不定
- 🅿 3台

寿司／日光門前

元祖湯波寿司 寿司秀
がんそゆばずし すしひで

地図p.16-J
JR・東武日光駅から🚶15分。♀日光郷土センター前から🚶3分

生湯波を寿司ダネにした生湯波寿司2090円、マグロなどのネタを湯波で軍艦巻にした湯波寿司1980円が食べられる。淡泊だが、大豆の香りと

シャリの甘みの相性がいい。いずれも湯波の吸物が付く。湯波の刺身1100円などのメニューもある。

- 📞 0288-54-1300
- 📍 日光市下鉢石町808
- 🕐 11:00〜18:00 湯波がなくなり次第終了
- ❌ 不定
- 🅿 5台

湯波料理／日光門前

本格懐石湯波料理 割烹与多呂
ほんかくかいせきゆばりょうり かっぽうよたろ

地図p.16-J
JR・東武日光駅から徒歩15分。または♀日光郷土センター前から🚶2分

生湯波だけを使って献立を組み、煮物も湯せんにしてゆっくり炊き上げる。本格懐石湯波料理「女峰」6600円のほか、湯波上ランチ・焼魚ランチ4400円、湯波ランチ3300円などが好評。

- 📞 0288-54-0198
- 📍 日光市下鉢石町965
- 🕐 11:00〜20:00 （夜は要予約）
- ❌ 水曜（祝日の場合は営業、10・11月は無料）
- 🅿 30台

湯波／日光門前

海老屋長造
えびやちょうぞう

地図p.16-J
JR・東武日光駅から🚶15分。♀日光郷土センター前から🚶3分

料理屋への納入いわゆる業販が主だが、小売りもしている。刺身湯波2本入り1180円、揚巻湯波15個入り2345円。しの巻湯波6串（12個）2450円と平湯波1帖3枚1330円、吸物用島田湯波25個入り1150

円など。刺身湯波は生もので保存がきかないため、予約が必要。それぞれの商品といっしょに料理法の菜も入れてもらえるのもうれしい。

- 📞 0288-53-1177
- 📍 日光市下鉢石町948
- 🕐 9:00〜18:00
- ❌ 水曜（祝日は営業、都合により変更あり）
- 🅿 1台

湯波／日光門前

日光湯波ふじや
にっこうゆばふじや

地図p.16-J
JR・東武日光駅から🚶15分。♀日光郷土センター前から🚶3分

みやげ用には、手のかからないゆばトロ（刺身）1パック990円や、おつまみやお茶請けになる串ゆば10本900円、佃煮840円などが人気。このほか揚巻12個入り1560円、ゆば菓子670円。

- 📞 0288-54-0097
- 📍 日光市下鉢石町809
- 🕐 8:30〜17:30
- ❌ 週1回不定
- 🅿 4台

しそ巻とうがらし／日光門前

落合商店
おちあいしょうてん

地図 p.16-J
JR・東武日光駅から🚶15分。🚏
日光支所前から🚶1分

塩漬けにした唐辛子を紫蘇の葉で、1本1本手で巻いた志そ巻とうがらしが看板商品。その昔、寒い時期に修験者たちが体を温めるために食べたという。細かく切って食べると、塩味とピリッとした辛味でご飯が進む。

※リニューアル工事に伴い2021年夏まで休業

📞 0288-54-2813
📍 日光市下鉢石町938
🕐 9:00～18:00
🈑 水曜(祝日の場合翌日)
🅿 なし

水羊羹／日光門前

三ツ山羊羹本舗
みつやまようかんほんぽ

地図 p.16-I
JR・東武日光駅から🚶20分。🚏
日光支所前から🚶3分

日光では、冷蔵庫のない昔、水羊羹はお節料理をはじめとした冬の味覚だった。型に流し込んだまま切れ目を入れて

売るのも特徴。この店でも、かつては冬だけの商品だったという。ここの水羊羹は、小豆、砂糖、寒天だけを使った無添加。5本入り 800円～。ほかにも、一口羊羹(10個入り)1450円～、棹物1本360g1200円などがある。

📞 0288-54-0068
📍 日光市中鉢石町914
🕐 8:00～18:30
🈑 1/1
🅿 5台

羊羹／日光門前

鬼平の羊羹本舗
きびらのようかんほんぽ

地図 p.16-I
JR・東武日光駅から🚶15分。🚏
日光支所前から🚶すぐ

昭和初期創業の日光羊羹の老舗。甘さ控えめのさっぱりとした水羊羹が人気。5個入り750円～。もっちりとした一口羊羹もある。

📞 0288-54-0104
📍 日光市中鉢石町898
🕐 8:30～18:00
🈑 火曜不定　🅿 15台

イタリア料理／日光門前

食堂すゞき
しょくどうすずき

地図 p.16-J
JR・東武日光駅から🚶10分。🚏
御幸町からすぐ

パスタなどのイタリアンから湯波を活用した創作料理ま

で、お手頃な価格で味わえる田舎のトラットリア。ランチの定食はもちろん各種コース料理や地元のもちぶた料理、ワインに合うアラカルトなど多彩。日光の地ビールや地酒なども各種取り揃えている。

📞 0288-54-0662
📍 日光市御幸町581-2
🕐 12:00～14:00(13:30LO)、17:30～20:00(19:30LO)
🈑 水曜と第3木曜。それ以外に月1日不定休あり
🅿 6台

イタリア料理／日光門前

かまやカフェ・デュ・レヴァベール

地図 p.17-L
JR・東武日光駅から🚶1分

かつて銀行だった赤煉瓦の建物をそのまま活かし、重さ1トンのドアがついた金庫室も客席に。ココファームのワインが充実している。前日光牛ローストビーフ、湯波、温泉玉子がのった人気のにっこう丼はSサイズ1760円、Mサイズ1980円、Lサイズ2640円。湯波ときのこのペンネグラタンセット1430円。

📞 0288-54-0685
📍 日光市松原町12-6
🕐 11:00～17:00LO(食材がなくなり次第終了)。季節で変更も
🈑 不定　🅿 10台

買う／伝統工芸品

日光木彫りの里工芸センター
にっこうきぼりのさとこうげいせんたー

地図 p.17-D
♀丸美から🚶8分

日光の神官や僧侶の間で愛用されてきた日光下駄は、末広がりになった歯に安定感がある、足裏に当たる部分に竹皮を編んだ畳が張ってある、太い鼻緒など、日光の風土に合わせた工夫がいっぱい。技術を継いだ山本政史さんが、ここで作業の様子を見せながら、歯の形を工夫したり鼻緒に色物を使うなど、現代感覚に合ったものも作り、販売もしている。1足1万4000円〜。

☎ 0288-53-0070
📍 日光市所野2848
🕐 9:00〜17:00
休 無休（11月〜4月は木曜、祝日の場合は翌日）
🅿 20台

村上豊八商店
むらかみとよはちしょうてん

地図 p.17-L
JR・東武日光駅から🚶3分

ひっかき刀で手前に引いて彫るのが特徴の、日光彫工品の店。この店では、彫刻してから木を曲げてきれいな曲線を出す技術を開発し、それを応用した花器やマガジンラックなどに人気が高い。リップミラー550円、二段引出各種7150円〜。予約すれば、日光彫の体験もできる（材料費込み1500円）。

☎ 0288-53-3811
📍 日光市松原町256
🕐 9:00〜17:00
（体験は9:00〜15:30、所要90分）
休 不定 🅿 2台

三島屋
みしまや

地図 p.17-K
JR・東武日光駅から🚶5分

栃木県の県名の由来にもなっている特産のトチの木。今ではなかなか入手できなくなっているトチだけを使った、日光彫の作品を作っている。貴重な材料なだけに木地作りから彫り、塗りまでねんごろに手をかけていて、漆の塗りを30工程ほど行う塗装法に、

日光堆朱という独自の加工を施しているので、塗りだけでお盆のようなもので2カ月、箱ものだと1年もかかる。それだけに高価なものが多いが、茶托や小皿は1枚売りもするので、行くたびに少しずつ揃えていくのもいい。

☎ 0288-54-0488
📍 日光市石屋町440
🕐 9:30〜日没
休 水曜および不定休
🅿 1台

五十嵐漆器店
いがらししっきてん

地図 p.17-L
JR・東武日光駅から🚶5分

創業1934（昭和9）年の日光彫の老舗。制作、販売・卸まで商う。また各地の有名漆器も扱っている。店内には浮き彫りを施した手鏡や、ラック、菓子盆など日用品が並ぶ。要望に応じての注文製作も手掛けている。姫鏡2100円、胴張茶托5枚セット7500円、水芭蕉が彫られた4寸の菓子器が2100円など。日光彫体験も実施していて、1人からでも受け付けている。要予約。

☎ 0288-54-1599
📍 日光市松原町17-7
🕐 9:00〜18:00（日光彫体験は〜17:00）
休 無休
¥ 日光彫体験1200円、所要1時間30分
🅿 5台

食べる&買う／山内・西参道

明治の館
めいじのやかた

地図p.19-D
♀神橋から🚶10分

　初めて日本に蓄音機を輸入したアメリカ人貿易商の別荘を利用したレストラン。明治末期建築の洋館で、クラシックでエレガントな雰囲気の中、昔懐かしい洋食を楽しむことができる。人気メニューは1週間とろ火で煮込んだデミグラスソースがかかるメンチカツ1944円やオムレツライス1760円。湯波と干瓢のサラダ1100円は日光ならではの味わい。デザートやティータイムにはデンマーク産クリームチーズを使った甘さ控えめなチーズケーキ・ニルバーナ550円を。裏手には使用人住居を再生した隠れ家的別館游宴山房もある（要予約）。

📞 0288-53-3751
📍 日光市山内2339-1
🕐 11:00〜19:30LO、冬期は11:30〜
休 年末
🅿 80台

堯心亭
ぎょうしんてい

地図p.19-D
♀神橋から🚶10分

　明治の館の裏手にある日光で数少ない精進料理店。四季折々に移り変わる庭園を眺めながら、数寄屋造りの部屋でゆっくりと料理をいただける。日光の地場品である湯波を中心に、豆腐、山菜などを使った精進料理は、上品な味わいかつヘルシー。一汁一飯に9品が付く精進料理は4180円、12品が付く懐石膳は4180円。

📞 0288-53-3751
📍 日光市山内2339-1
🕐 11:00〜19:00LO、12月〜3月は11:30〜
休 木曜（祝日は営業）
🅿 80台

日光ゆば遊膳
にっこうゆばゆうぜん

地図p.19-G
♀総合会館前から🚶2分

　湯波と自家製の豆腐を季節の創作一品料理に仕立て、コースを組んでいる。例えば、旬の野菜と合わせた揚巻きゆばの含め煮、野菜と板ゆばのしゃぶしゃぶ、たぐりゆばの揚げだし、夏は藻塩で、秋は野菜あんかけなどで味わう自家製よせ豆腐などなど。ほかにも、豆乳で作ったゆば豆腐や、デザートも豆乳プリンというように、創意工夫の手料理が味わえる。ご飯は喜連川産の古代米を使っている。店内は1階がテーブル席と小上がり、2階に上がると入れ込みの座敷席になっている。遊膳コース3630円、花膳コース2530円。

📞 0288-53-0353
📍 日光市安川町1-22
🕐 11:30〜15:00（食材がなくなり次第終了）
休 水曜（祝日の場合は翌日、冬期不定休あり）
🅿 18台

日光門前・山内

ズの「家康公のひときれカステラ」は5切れ560円。このほかに、塩、黒蜜、大納言の味が揃う日光羊羹1本1330円、栗(小)1530円なども。

- 📞 0288-53-6171
- 📍 日光市本町1-8
- 🕐 9:00～17:00(12月20日～3月20日は～16:30)
- 🈺 無休
- 🅿 20台

西参道／煎餅

石田屋
いしだや

地図p.16-B
📍 西参道入口から🚶3分

明治の創業という老舗。東照宮の彫刻群のなかでも有名な眠り猫を彫ったとされる左甚五郎にちなみ、「左」の文字を型押しした日光甚五郎煎餅を、創業時より看板商品にする。米の生地でバター風味と塩味が絶妙のコンビネーションで、軽い食感は何枚でも手がでてしまう。18枚入り594円～。ほかに香ばしい黒大豆入りやゴマ味噌、ザラメ、七味など各種の味がある。150g入り400円～。

- 📞 0288-53-1195
- 📍 日光市本町4-18
- 🕐 9:00～17:00
- 🈺 無休
- 🅿 5台

和菓子／西参道

綿半羊羹本舗本店
わたはんようかんほんぽほんてん

地図p.18-F
📍 総合会館前から🚶2分

バス停のある大通りとY字路になっている細道を行き、そこから100mほど先の右側にある。

創業1787(天明7)年の老舗和菓子店で、太陽をイメージして作られた日乃輪(ひのわ)1個180円が看板商品。輪王寺にも献上される菓子で、日光の日と輪王寺の輪から名付けられた。こしあんを小麦粉の薄皮で包み、鉄板で押し焼きした上品な味わいだ。上質の北海道産小豆を使用した竹皮包煉羊羹1本2110円は、江戸時代の創業当時から変わらぬ製法で手作りしており、1日に30本ほどしか作らない人気の商品。ほかに大通り店があ

- 📞 0288-53-1511
- 📍 日光市安川町7-9
- 🕐 8:30～17:30
- 🈺 火曜(祝日は営業)
- 🅿 なし

り、日光田母沢御用邸記念公園(p.55参照)内の喫茶みやびでも購入できる。

カステラ・軽食／西参道

日光カステラ本舗本店
にっこうかすてらほんぽほんてん

地図p.18-F
📍 西参道入口から🚶1分

カステラの上表面全体に金箔をまぶした金箔カステラの店で知られる。ハニーと抹茶の2種類があり、どちらもしっとりとしているのが特徴。箱の中に、東照宮でご祈禱していただいたおみくじが入っているのがユニーク。普通サイズ(500g)2660円、半サイズ(250g)1330円。一口サイ

御用邸・含満ガ淵

二社一寺の周辺にはいくつもの史跡が点在し、植物園や渓谷、滝など、自然の美しいところもあり、もうひとつの日光を楽しめるエリアだ。

見る&歩く

日光田母沢御用邸記念公園

にっこうたもざわごようていきねんこうえん

地図p.16-A・E
♀日光田母沢御用邸記念公園下車すぐ

1899（明治32）年、既存の小林家別荘に赤坂離宮花御殿を移築し、大正天皇御用邸としたもの。後に大規模な増改築も行われ、今日見る姿となった。建坪1350坪、部屋数106室という明治・大正の御用邸としては最大の規模と格式を誇る。建築様式も江戸中屋敷の数寄屋造り、明治時代のシャンデリアや絨毯を用いた西洋風、大正時代の華やかな書院造りなど、時代の特徴が見られる。2003（平成15）年国の重要文化財に指定。

- ☎ 0288-53-6767　♀ 日光市本町8-27
- ⏰ 9:00〜17:00（最終入園16:00）
  11月〜3月は〜16:30（最終入園16:00）
- ✕ 火曜（祝日の場合翌日）、12/29〜1/1。ただし4/15〜5/31、8/13〜16、10/1〜11/30、1/2〜5は無休
- ¥ 600円　Ⓟ 120台（有料）

含満ガ淵（憾満ガ淵）

がんまんがふち（かんまんがふち）

地図p.16-E
♀西参道入口から🚶30分

含満橋を渡り、上流へ。桜並木のストーンパークを抜け、並び地蔵が立ち並ぶあたり、大谷川が岩を浸蝕しながら激しく流れる渓谷をさす。古くから不動明王が現れる霊地といわれ、その急流の響きが不動明王へ捧げる呪文のように聞こえるので、晃海僧正が、呪文の最後の文句「憾満」を取り、憾満ガ淵と名付けた。現在は、含満ガ淵と呼ばれている。特に、川面に迫り出した霊庇閣から見る景色はおすすめ。

巨岩が並ぶ川面を白い飛沫をあげ、勢いよく流れる力強い水の流れと、周りを取り囲む優美な自然を望むことができる。

並び地蔵（化地蔵）

ならびじぞう（ばけじぞう）

地図p.16-E
♀西参道入口から🚶30分

含満ガ淵に沿って、大谷川の川辺に一列に並ぶ石仏群。慈眼大師（天海）の弟子たちが、過去万霊・自己菩提のために作った。当時は約100体の地蔵と、その先頭に2体の親地蔵が並んでいたが、1902（明治35）年の大洪水で流され、現在は74体が残る。後に親地蔵の1体の首が川原で見つかり、対岸の浄光寺境内に安置されている。数える度に地蔵の数が違うということから化地蔵とも呼ばれている。

日光植物園
にっこうしょくぶつえん

地図p.16-E
🚏日光植物園から🚶1分

東京大学大学院の研究施設。広い施設内は一般にも開放しており、温帯から亜寒帯に育つ約2200種の植物が見られる。10.7haの園内には、大谷川から注ぐ小川が流れ、ブナ林やヒノキ林などの樹林が見られる。入園口をぬけると、まず見られるのはシャクナゲやツツジ。5月頃が花の時期だ。ほかにも、国内外のシダ植物約130種、野生種の桜16種のうち13種、日本に自生するカエデ属の28種のうち21種などを集めている。また、高山植物園のロックガーデン、湿原植物園のボッグガーデンも見どころ。

🎵 0288-54-0206
📍 日光市花石町1842
🕘 9:00～16:30（入園は30分前まで）
⛔ 月曜（祝日の場合は翌日、月曜から連休の場合最終祝日の翌日）、12月1日～4月14日は閉園
💴 500円
🅿 40台

釈迦堂・殉死の墓
しゃかどう・じゅんしのはか

地図p.16-A
🚏日光田母沢御用邸記念公園から🚶2分

山門の奥に朱塗りのお堂がひっそりと立っている。創立年代は不明。当初、山内にあったが、1641（寛永18）年、2回目の移築で現在地に移された。本尊に釈迦如来、脇士として文殊・普賢菩薩を安置（拝観不可）している。また、釈迦堂の左手には、高さ3m以上の墓石がズラリと並ぶ。これらは、徳川家

光に殉死した忠臣5名と徳川家家臣19名の墓である。

＊境内参拝は自由

寂光ノ滝
じゃっこうのたき

地図p.125-K
🚏日光田母沢御用邸記念公園から🚶40分

弘法大師が修行のために打たれたという名瀑。弘法大師により開基された寂光寺が近くにあったことからこの名がついた。寂

光寺は江戸時代、修験道や浄土信仰の中心地として栄えたが、1871（明治4）年の神仏分離で若子神社になった。高さ60m、幅6m、7段になって落ちる水は優美で、数ある日光の滝の中で、美しい滝のひとつに数えられている。葉の茂る季節は全容が見えにくいが、落葉期には6段まで見える。

裏見ノ滝
うらみのたき

地図p.124-J
🚶裏見の滝入口から🚶40分

　バス停から裏見ノ滝までは2.5kmの上り坂。駐車場のある2km地点までは車も走れる舗装道を行く。その先、0.5kmは歩いて登る。華厳ノ滝、霧降ノ滝と並び日光三名瀑のひとつに数えられている。落差45m、幅2mと規模は大きくないが、直接滝壺に落ちる水飛沫は力強く、近くの橋の上から見ると迫力がある。かつては、容易に裏手から見られたことからこの名がついた。現在も裏に回れるが、滝に向かって突き出していた岩が崩れ落ちてしまったため、足場の広さもなく、滑りやすいので危険。松尾芭蕉が訪れた折、「暫時は滝に籠るや夏の初」の句を詠んでいる。

御用邸・含満ガ淵

TEKU TEKU RELAX

日帰り入浴施設
日光和の代温泉 やしおの湯

　源泉から直接温泉を引く、市営の日帰り入浴施設。ジャクジーのあるガラス張

りの内湯と、岩を配した露天風呂があり、周囲を囲む日光連山の山並みを眺めながらゆっくりと温泉に浸かれる。泉質は、アルカリ性単純温泉。美肌効果があるほか、神経痛や冷え性、慢性胃腸病、術後のリハビリなどにも効く。

地図p.125-K　🚶やしおの湯からすぐ
📞0288-53-6611
📍日光市清滝和の代町1726-4
🕙10:00～21:00（最終受付20:30）
❌木曜（祝日の場合は翌日）、12/30～1/1
　点検のための臨時休あり
💴入浴700円　🅿70台

霧降高原

きりふりこうげん

天空回廊がのびるキスゲ平園地

赤薙山南面、標高約1200mに広がる高原で、ニッコウキスゲの名所。キスゲ平園地を経る丸山コースと、日光三名瀑のひとつ、霧降ノ滝が望める大山コースがあり、高山植物と名瀑を楽しめる。　　　地図p.125-G

丸山ハイキングコース

全長3.7km

総歩行時間
2時間20分

01	🚏 霧降高原
↓ 👟45分	
02	キスゲ平園地
↓ 👟30分	
03	丸山
↓ 👟30分	
04	八平ヶ原
↓ 👟35分	
01	🚏 霧降高原

霧降高原01バス停で下車、霧降高原レストハウスから右へ、登山道が疎林の中を登っている。初夏のニッコウキスゲの開花時期なら、**キスゲ平園地02**の天空回廊を登ってゆくといい。小丸山まで楽に行け、大山コースを経て霧降ノ滝まで歩くこともできる。

●ニッコウキスゲ群落とコメツツジ

山の斜面を埋め尽くすニッコウキスゲの見頃は、6月中旬～7月上旬頃。1445段の階段が子丸山展望台まで延々とのび、まさに天空回廊。途中に展望デッキもあり、一面のキスゲの群落を楽しめる。また、**丸山03**付近には高地性の植物コメツツジの白い花も咲く。見頃はニッコウキスゲと同じ頃。

●丸山をへて霧降高原レストハウスへ

見晴らしのいいキスゲ平から小丸山を経て丸山山頂までは、大岩がゴロゴロするゆるい登り。鞍部から階段状の道を急登し、小さな広場を抜けると山頂にでる。山頂からは晴れていれば関東平野まで望める。山頂を通過すると道は北東側斜面に入り、樹林帯のやや暗い急斜面を一気に下る。足元に気をつけながら下ると笹原の広がる**八平ヶ原04**へ。ここからはブナの生い茂る爽やかななか、溝状の山道を足元に気をつけながら霧降高原レストハウスまで下る。

大山ハイキングコース

全長6.4km

総歩行時間
3時間40分

01	🚏 霧降高原
↓ 👟1時間30分	
02	大山
↓ 👟50分	
03	猫ノ平
↓ 👟1時間10分	
04	🚏 つつじヶ丘
↓ 👟10分	
05	🚏 霧降の滝

コース起点は霧降高原レストハウスの奥の砂利道を外れるところで、道標が立つ。丸山コース終点からも続けて歩ける。

●ヤマツツジの中を大山山頂へ

背後に丸山を望む原っぱからスタート。トンネルで車道をくぐり、合柄橋を通過して**大山02**山頂を目指す。道中は山腹を巻い

地図内ラベル

丸山 03
1689
赤薙山 ▲2011
女峰山へ
キスゲ平園地 02
丸山ハイキングコース
天空回廊
霧降高原
レストハウス 01
第一駐車場入口

04 平ヶ原
大笹牧場へ

30分 / 30分 / 35分 / 45分

START
GOAL
霧降高原

ここへの行き方
→p.15路線図参照

六方沢

合柄橋

大山ハイキングコース

02 大山
▲1158

1時間30分

霧降牧場
50分

猫ノ平 03

N
1:42,000
0　　　1km
周辺広域地図 P.124-125
ヒネリギ沢

高原歩道
入口
高原橋
鳴沢
日光霧降しし
炭火焼きの宿
はじめのいっぽ
ペンション霧降
プロムナード
美濃原森林公園
日光市

マックラ滝
大江戸温泉物語 日光霧降 P.84
ニュー霧降
キャンプ場
霧降高原チロリン村
隠れ三滝入口
P.60 山のレストラン
つつじヶ丘 04
ありの塔

玉簾滝
丁字滝

1時間10分

霧降ノ滝

GOAL
霧降の滝 05

霧降ノ滝展望台

霧降

森の宿Gableview
ペンション高原の小枝
ラムチャップ日光
外山
▲880
赤沢
P.60 小倉山温泉
春暁庭ゆりん

グルマンズ和牛
小倉山
▲754
ペンション・
モンゴメリー
ブラウンin日光
東武日光駅へ

もみじ平
別荘入口

足立
林間学園
足立区
林間学園

丸美 P.60
る・みしえる

ての、暗く細い道。この近辺に群生するヤマツツジは、5～6月に赤い花をつける。ややきつめのアップダウンを繰り返し、息も切れるころにようやく山頂だ。

霧降ノ滝

●霧降牧場を抜けて霧降ノ滝へ

霧降牧場の柵を抜けていったん車道に出た後、再び牧場に入る。牛たちが草を食むのどかな風景を眺めつつ、緩やかな起伏を越える。**猫ノ平 03** 上の分岐ではつつじヶ丘方向に進路をとり、渓流美あふれる霧降川を渡れば霧降ノ滝は近い。このあたりは急な下り。滝へは往復20分の観瀑台への道と、往復35分の滝壺に下る道がある。滝壺へ下る場合は浮き石の多い急斜面となるので、足元には注意。

帰りは**つつじヶ丘 04** か**霧降の滝 05** バス停から東武日光駅へ。時刻は事前に確認しておこう（p.15参照）。

夏のあいだ放牧される牛たちを見ながらのんびり歩こう

休憩ポイント

●霧降高原レストハウス

キスゲ平園地の入口に立つ。2階の軽食レストラン日光霧降珈琲では、コーヒー500円、とちぎ霧降高原牛カレー、そばを味わえる。日光に関する小物の販売や情報紹介のコーナーも併設。

☎ 0288-53-5337　📍日光市所野531
🕐 9:00～17:00（12月～3月は9:00～16:00）、食事は11:00～16:00LO　🈳年末年始（1/1は営業）　🅿170台

TEKU TEKU RELAX

日光木彫りの里工芸センター
にっこうきぼりのさとこうげいせんたー

地図 p.17-D
🚶丸美から 🚌 8分

日光彫を気軽に体験できる教室がある。日光彫は、図案に牡丹、菊、梅、桜などを用いる。図案選びから下書き、彫り、艶出しの完成まで約1時間20分。7寸丸盆1550円、手鏡1000円〜。館内には、伝統工芸展示のコーナーもある。入館無料。

🎵 0288-53-0070　📍 日光市所野2848
🕐 9:00〜17:00（教室は9:00〜15:30）
💤 無休（11月〜4月は木曜。祝日の場合は翌日）
🅿 20台

日帰り入浴施設
小倉山温泉 春暁庭ゆりん

周辺を落葉自然林に囲まれた、すがすがしい環境に黒と赤のモダンな外壁とトンガリ屋根の建物が映える。風呂は男女それぞれ内風呂と大きな石を組んだ露天風呂が備わる。泉質は無色透明のアルカリ性低張性高温泉で、疲労回復、皮膚、冷え性などに効能あり。湯上りにひと休みできるカフェ＆ダイニング・スペースもある。

地図 p.59、p.125-K　🚶日光霧降スケートセンター（12〜3月運行）から 🚌 10分
🎵 0288-54-2487　📍 日光市所野2823
🕐 14:00〜翌2:00　💤 無休（臨時休あり）
🛁 入浴900円　🅿 30台
※2021年5月現在改修工事のため休業中

フランス家庭料理／霧降入口
る・みしぇる

地図 p.17-D
🚶丸美からすぐ

フランス北西部のブルターニュ地方ではソバの栽培が行われ、各家庭ではソバ粉を薄く焼いた生地に、ハムやチーズ、野菜などを包んで軽食やおやつに。それがガレット。みしぇるでは地元日光産100％のソバ粉を使用。ソバアレルギーの人には小麦粉で焼いてくれる。ガレットのランチセ

ット1190円。またオレンジソースのクレープシュゼットなどデザートクレープも。

🎵 0288-53-4659
📍 日光市所野1550-85
🕐 11:30〜16:00、
　18:00〜20:00
　（12月〜3月はランチのみ）
💤 不定　🅿 4台

肉料理・シーフード／霧降高原
山のレストラン
やまのれすとらん

地図 p.59、125-G
🚶霧降の滝から 🚌 1分

霧降ノ滝を見下ろすロケー

ションにある、山小屋風のカフェ・レストラン。北米産の木材が多用され、家具や照明なども、温かみのある落ち着ける雰囲気。ステーキやハンバーグといったグリルメニュー中心の肉料理、パスタなどが味わえる。ティータイムはチーズケーキやタルトなどのデザートが660円〜。

🎵 0288-50-1525
📍 日光市所野1546
🕐 10:00〜19:00LO
　（11月下旬〜4月下旬は
　11:00〜）
💤 水曜（祝日は営業）
🅿 100台

中禅寺湖
奥日光

エリアの旅のアドバイス

中禅寺湖・戦場ヶ原へ

　奥日光とは、一般に日光地域のうちの、いろは坂より上のことをいう。日本で最初に国立公園に指定された、日光国立公園の中心ともいえる地域だ。火山と湖、滝、湿原、ミズナラ・シラカバ・カラマツの森、高山植物などが調和した、変化に富んだ自然景観が大きな魅力となっている。2005（平成17）年には戦場ヶ原などが奥日光の湿原としてラムサール条約に登録。ゆっくり歩いて大自然を満喫したい。散策の後には、のんびりと温泉に浸る楽しみもある。

中禅寺湖・奥日光への行き方

　奥日光へはJR日光駅、東武日光駅から中禅寺温泉行きか湯元温泉行きの路線バスを利用する。
　この路線は主に観光バスタイプのバスが運行。当日に限って途中下車可なので、中禅寺温泉周辺を散策後に湯元温泉へ泊まる場合、駅で湯元温泉までの乗車券を買って途中下車すればお得だ。
　東武鉄道のまるごと日光、まるごと日光・鬼怒川フリーパスが利用できる。（p.120、121）。

●中禅寺湖・奥日光へのバス路線
（時間は東武日光駅から）

HINT　光徳温泉経由湯元温泉行きの便は1日7便。光徳入口から光徳牧場まで、徒歩25分。

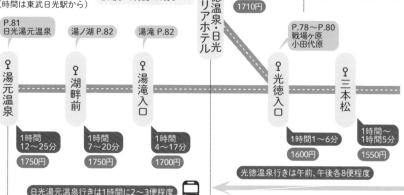

			光徳温泉・日光アストリアホテル		
			1時間10分 1710円		
P.81 日光湯元温泉	湯ノ湖 P.82	湯滝 P.82		P.78〜P.80 戦場ヶ原 小田代原	
湯元温泉	湖畔前	湯滝入口		光徳入口	三本松
1時間12〜25分 1750円	1時間7〜20分 1750円	1時間4〜17分 1700円		1時間1〜6分 1600円	1時間〜1時間5分 1550円

光徳温泉行きは午前、午後各8便程度

日光湯元温泉行きは1時間に2〜3便程度

まわる順のヒント

●中禅寺温泉周辺

中禅寺湖や華厳ノ滝など、奥日光の観光名所が集中するのが中禅寺温泉バスターミナル周辺。主な見どころへはバスターミナルから歩いて回ることができ、それぞれへはロープウェイや遊覧船、エレベーターなどが整備されている。中禅寺温泉までは日光駅からバスの本数も多く、山内と組み合わせてまわる場合も便利だ。バスターミナルにはコインロッカーやタクシー乗り場があるが、タクシーは台数が少ないので予約が必要。

湖畔南側の立木観音方面には東武日光バスの歌ヶ浜線が4月～6月、半月山線が7月～11月中旬間季節運行する。中禅寺温泉から立木観音前まで所要3分、150円。。

●戦場ヶ原周辺

中禅寺温泉からバスで湖岸を走り、中禅寺湖からさらに奥へ入った戦場ヶ原や切込湖・刈込湖周辺はハイキング客に人気。戦場ヶ原へは赤沼、切込湖や刈込湖へは光徳入口または光徳温泉・日光アストリアホテルが最寄りのバス停となる。戦場ヶ原は木道など遊歩道が整備され、小田代原から千手ヶ浜へは、赤沼車庫から低公害バスが走っていて初心者でも充分歩ける。切込湖や刈込湖は起伏が多くやや健脚向き。ともにじっくり歩けば丸1日はかかる。

●日光湯元周辺

奥日光の宿泊拠点が湯元温泉。ロッジやバンガロー、公共の宿に温泉旅館など宿の種類は豊富で、予算に応じて選べる。どこも白濁した硫黄温泉がひかれ、露天風呂がある宿も多い。

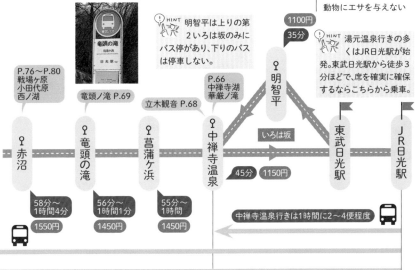

インタープリテーションツアー

地元の解説者がついて案内してくれるツアー。主に日光に宿泊する人を対象にしているもので、上半期（4月～9月）と、下半期（10月～3月）でツアー内容がかわる。有料。内容や申し込みなど詳細は日光市観光協会日光支部内の日光インタープリター倶楽部へ。

特別保護区のきまり

戦場ヶ原と小田代原は、国立公園の中でも規制の厳しい特別保護区。自然環境保全のため、以下のことを守りたい。

・湿原や草原に入ったり、動植物を採取しない
・たき火は禁止。歩きタバコ、ポイ捨て禁止
・ゴミはもちろん、釣り糸、針は持ち帰る
・キャンプは指定地以外禁止
・森林内に自動車を駐車しない。駐車場でのアイドリングをしない
・大声や騒音を出さない
・サルやシカなどの野生動物にエサを与えない

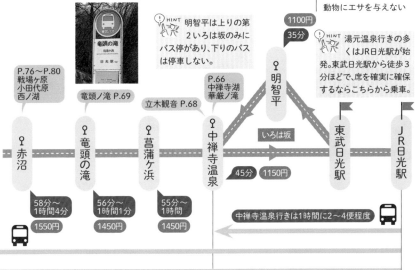

HINT 明智平は上りの第2いろは坂のみにバス停があり、下りのバスは停車しない。

HINT 湯元温泉行きの多くはJR日光駅が始発。東武日光駅から徒歩3分ほどで、席を確実に確保するならこちらから乗車。

竜頭の滝 田母沢 日光駅

P.76～P.80 戦場ヶ原 小田代原 西ノ湖

竜頭ノ滝 P.69

立木観音 P.68

P.66 中禅寺湖 華厳ノ滝

明智平 1100円 35分

いろは坂

45分 1150円

赤沼 — 竜頭の滝 — 菖蒲ヶ浜 — 中禅寺温泉 — 明智平 — 東武日光駅 — JR日光駅

58分～1時間4分 1550円

56分～1時間1分 1450円

55分～1時間 1450円

中禅寺温泉行きは1時間に2～4便程度

1
2
3
4

奥日光の
自然と花
カレンダー

奥日光で見られる花は、一面を花色で埋め尽くす、といった華やかさはなく、小さく可憐な花をひそやかに咲かせる野の花ばかり。最近は地球温暖化のためか、開花時期が早まる傾向。開花時期は日光湯元ビジターセンター（p.82）などで確認を。

5月

上旬～下旬 ……… オオヤマザクラ（湯川沿い）
中旬～下旬 ……… シロヤシオ（中禅寺湖湖畔） 2
………………… アズマシャクナゲ（湯ノ湖湖畔） 3
中旬～6月上旬… ミネザクラ（戦場ヶ原）
中旬～6月中旬… タチツボスミレ（戦場ヶ原） 1
下旬～6月上旬… トウゴクミツバツツジ（竜頭ノ滝）
下旬～6月中旬… ズミ（コナシ）（戦場ヶ原・光徳牧場） 5

6月

上旬～中旬 ……… クリンソウ（千手ヶ浜）
上旬～下旬 ……… ワタスゲ（戦場ヶ原）
中旬～下旬 ……… レンゲツツジ（戦場ヶ原・涸沼）
中旬～7月上旬… ムラサキヤシオツツジ（泉門池・金精峠） 6
………………… サギスゲ（戦場ヶ原）
………………… アヤメ（戦場ヶ原） 7
下旬～7月中旬… ツルコケモモ（戦場ヶ原）

7月

上旬～中旬 ……… ニシキウツギ（湯ノ湖湖畔）
上旬～8月上旬… ヤマオダマキ（戦場ヶ原・涸沼） 9
上旬～8月上旬… ホザキシモツケ（戦場ヶ原・小田代原） 10
上旬～8月上旬… ニッコウアザミ（小田代原） 11
上旬～8月中旬… ハクサンフウロ（戦場ヶ原）
上旬～8月下旬… ノリウツギ（湯元・湯ノ湖湖畔）
下旬～8月下旬… シシウド（湯元）

8月

上旬～下旬 ……… ホタルブクロ（涸沼・切込湖・刈込湖）
………………… マルバダケブキ（千手ヶ浜）
………………… キツリフネ（湯川沿い）
中旬～9月中旬… キオン（湯元）
………………… アキノキリンソウ（湯元）
………………… ゴマナ（湯元・光徳牧場）
………………… トネアザミ（湯元・小田代原）

9月

中旬～10月上旬 ノコンギク（戦場ヶ原） 12

5

6

7

8

9

10

11

12

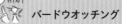

バードウオッチング

　森林、草原、湿原、湖と、多彩な自然がコンパクトにまとまった奥日光は、野鳥の種類が多くバードウオッチングに好適。代表的なのをあげるとアカハラ、コゲラ、アオジ、コマドリ、キビタキ、オオルリ、キセキレイ…。冬にはマガモ、ヒヨドリ、キンクロハジロなど、渡り鳥のカモ類が湯ノ湖や泉門池などで見られる。野鳥観察には、早春の頃か木々が落葉する季節が、姿を見つけやすいのでよい。

中禅寺湖・華厳ノ滝

エリアの魅力

景観の美しさ
★★★★★
自然散策
★★★
味・みやげ
★★（魚、まんじゅう）

必見スポット：
中禅寺湖、華厳ノ滝

標準散策時間：4時間
（♀中禅寺温泉〜栃木県立日光自然博物館〜華厳ノ滝〜二荒山神社中宮祠〜中禅寺湖遊覧船〜日光山中禅寺）

世界に誇る湖水の美しさ

　男体山の雄姿を水面に映す中禅寺湖周辺は、高原の自然美あふれる景勝地。華厳ノ滝がある東岸の中禅寺温泉バスターミナルから中禅寺湖遊覧船桟橋周辺が、観光の中心となっている。

見る

明智平
あけちだいら

地図 p.69-H
♀明智平下車すぐ、♀中禅寺温泉から🚶30分

　上り専用の第2いろは坂の終点近くにある明智光秀の伝説が残る景勝地。ロープウェイで上った展望台からは、中禅寺湖と華厳ノ滝、男体山がおり成す一幅の絵のような風景を堪能できる。所要3分。なお

明智平バス停は上りのバスのみしか停車しないので、中禅寺温泉方面からは第2いろは坂を徒歩で下るしかなく、車道の脇を歩くことになるのでおすすめできない。

☎0288-55-0331
📍日光市細尾町深沢709-5
🕐9:00〜15:30（12月〜3月は〜15:00、紅葉期は延長あり）
🈺無休（3月1日〜15日点検のため運休、強風時臨時休あり）
💴ロープウェイ片道600円、往復1000円
🅿70台

栃木県立日光自然博物館
とちぎけんりつにっこうしぜんはくぶつかん

地図 p.69-H
♀中禅寺温泉下車すぐ

　ビデオや模型、写真などで日光の自然・文

化・歴史について解説。ボディソニックで滝めぐりを体感できるコーナーもある。3面マルチスクリーンを備えた四季彩ホールでは、「悠久の四季」を上映。大画面いっぱいに美しい日光の自然が鮮やかに映し出される。エントランスホールには無料で利用できる自然情報センターがあり、花や紅葉の状況などがリアルタイムでわかる。

- ♪ 0288-55-0880
- ♀ 日光市中宮祠2480-1
- ⏰ 9:00～17:00（11月11日～3月は10:00～16:00）。入館は30分前まで
- 🚫 月曜（祝日の場合は翌日以降）。6月～10月は無休
- ¥ 510円　Ⓟ 華厳第1・2県営P（310円）を利用

中禅寺湖クルージング
ちゅうぜんじこくるーじんぐ

地図 p.68・69-A・G・F
♀ 中禅寺温泉から船の駅中禅寺まで🚶5分

　東西約6.5km、南北約1.8km、周囲約24kmの中禅寺湖は、男体山の噴火によってできた美しい湖。奥日光のシンボルともいえる湖の魅力を実感するには遊覧船での探勝がおすすめだ。湖上から眺める男体山の雄姿、新緑や紅葉の美しさは格別。発着所の「船の駅中禅寺」から菖蒲ヶ浜～立木観音と湖を約1周して戻る55分の名所廻りコースが1400円。1時間に1便運航しているので、菖蒲ヶ浜や立木観音で下船して竜頭ノ滝や中禅寺に立ち寄り、次の便に乗ることも可能。

- ♪ 0288-55-0360
- ⏰ 船の駅中禅寺発9:00～17:00（季節により変動あり）
- 🚫 12月～4月中旬運休

華厳ノ滝
けごんのたき

地図 p.69-H
♀ 中禅寺温泉から🚶4分、♀ 華厳の滝入口下車すぐ

　那智、袋田と並ぶ日本三大名瀑。中禅寺湖から流れ出た水が、高さ97mの岩壁を一気に落下する。上から滝を見下ろす無料の観瀑台があるが、滝を真正面から見るには、往復の有料エレベーターで観瀑台へ。下から見上げると、豪快さがよくわかる。

- ♪ 0288-55-0030　♀ 日光市中宮祠2479-2
- ⏰ 3月～4月 9:00～17:00、5月～11月 8:00～17:00、12月・2月 9:00～16:30
- 🚫 無休　¥ 570円
- Ⓟ 華厳第1・2県営P（310円）を利用

二荒山神社中宮祠
ふたらさんじんじゃちゅうぐうし

地図 p.69-G
♀ 中禅寺温泉から🚶15分

　日光山内の二荒山神社本社と、男体山頂の奥宮の中間にあり中宮祠と呼ばれる。男体山を御神体とする山岳信仰の伝統を今に伝える。本殿右手の登拝門は、信仰登山の入口で、5月5日～10月25日のみ開かれる。国宝、重要文化財の太刀類や、男体山から出土した鏡や古銭を展示する宝物館もある。

- ♪ 0288-55-0017
- ♀ 日光市中宮祠2484
- ⏰ 8:00～17:00（11月～3月は9:00～16:00）
- 🚫 無休　¥ 拝観無料、宝物館500円　Ⓟ 50台

日光山中禅寺（立木観音）
にっこうさんちゅうぜんじ（たちきかんのん）

地図p.69-G
♀中禅寺温泉から🚶20分、歌ヶ浜遊覧船発着所（立木）からすぐ

バスターミナルから中禅寺湖方面に歩き、大尻橋を渡って右手に湖を見ながら、湖畔沿いを道なりにゆくと突き当たりに中禅寺の朱塗りの門が見える。

御本尊の十一面千手観世音菩薩が、桂の大木を立ち木のままで彫ったものであることから、立木観音の名で親しまれる。日光開山の祖・勝道上人（しょうどうしょうにん）の手刻とされるもので、身の丈約6m。両脇に四天王（してんのう）を従えた立派な姿で、重要文化財に指定されている。

📞 0288-55-0013　📍 日光市中禅寺歌ヶ浜2578
🕐 8:00～17:00（11月・3月は～16:00、12月～2月は8:30～15:30）、最終受付30分前
🈺 無休　💰 拝観料500円　🅿 36台

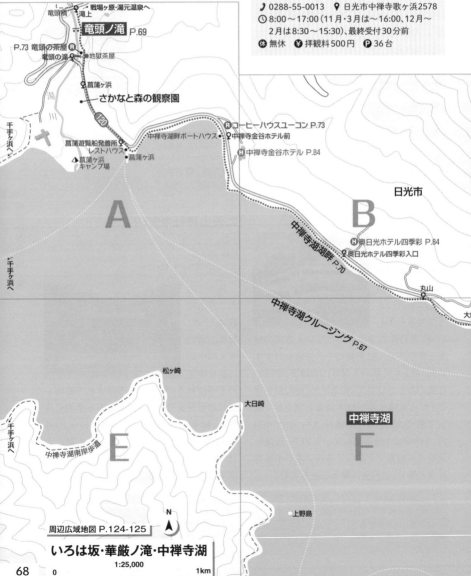

A

B

日光市

E

F

中禅寺湖

周辺広域地図 P.124-125

N

いろは坂・華厳ノ滝・中禅寺湖

1:25,000
0　　　　　　　　1km

イタリア大使館別荘記念公園
いたりあたいしかんべっそうきねんこうえん

地図 p.69-G
♀イタリア・英国大使館別荘記念公園入口から⚓10分

イタリア大使とその家族が別荘としていた建物を修復、公開する。建築家であり、外交官だったアントン・レーモンドの設計による和の建材を多用した洋風建築。各部屋には大使の生活を再現した家具類も置かれ、往時の雰囲気を伝える。すぐ近くの英国大使館別荘記念公園も寄ってみたい。

📞 0288-55-0880（日光自然博物館）
📍 日光市中宮祠2484
🕐 9:00～17:00（4月の11/11～30日は～16:00）
🚫 4月の月曜日（祝日の場合は翌日以降に振替）
💴 200円、英国大使館別荘記念公園との共通券 300円　🅿県営P（有料）利用

竜頭ノ滝
りゅうずのたき

地図 p.68-A、p.75-H
♀竜頭の滝下車すぐ

全長210m。湯川の流れが急流となり、冷えて固まった溶岩流の緩斜面を、滑滝となって中禅寺湖に注ぎ込む。滝が多い日光の中でも、その優美さは一、二を争う名瀑だ。名前の由来は、流れ落ちる水流が白く泡立って光り、龍の鱗に見えるからとか、岩を縫って流れる様子が天にかけ上がる龍を思わせるからとかいわれている。

昔は紅葉の美しさから紅葉滝ともよばれたという。ピンクのトウゴクミツバツツジに彩られる春も美しい。

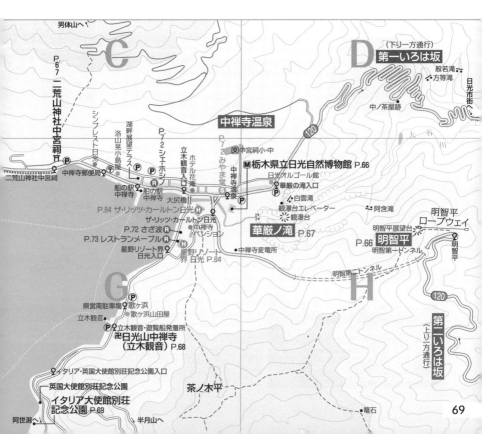

てくハイク

中禅寺湖湖畔

ちゅうぜんじここはん

中禅寺湖畔沿いに整備された中宮祠〜菖蒲ヶ浜線歩道を利用して竜頭ノ滝と華厳ノ滝を結ぶコース。竜頭ノ滝から歩いた方がアクセスが便利で、途中には東屋やベンチを備えた園地も各所に配されており、中禅寺湖の眺望をゆっくり楽しみながら散策できる。

地図p.74-75

	全長6km
	総歩行時間 **2時間**

01 竜頭ノ滝
↓🚶30分
02 中禅寺湖畔ボートハウス
↓🚶55分
03 二荒山神社中宮祠
↓🚶15分
04 船の駅中禅寺
↓🚶15分
05 華厳ノ滝

奥日光の先陣を切って紅葉が始まるという竜頭ノ滝

木の間越しに湖を見ながら緑の中を行く散歩道

竜頭ノ滝**01**からはさかなと森の観察園（中央水産研究所日光庁舎）の前を通り、菖蒲遊覧船発着所バス停まで自動車道路を行

く。道路の湖畔側に立つ菖蒲ヶ浜レストハウス横の階段をおりると歩道が始まる。自動車道の石垣に沿った道は、やがて木立の中の小広場にでる。思いのほか樹々に囲まれた静かな道だ。

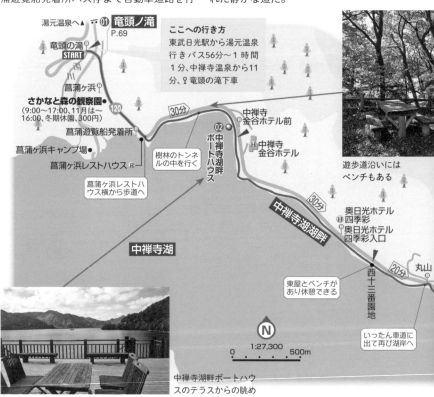

竜頭ノ滝
P.69
湯元温泉へ▲
竜頭の滝 START

菖蒲ヶ浜
さかなと森の観察園●
（9:00〜17:00、11月は〜16:00、冬期休園、300円）
菖蒲遊覧船発着所
菖蒲ヶ浜キャンプ場●
菖蒲ヶ浜レストハウス R●

菖蒲ヶ浜レストハウス横から歩道へ

120

30分

樹林のトンネルの中を行く

02 中禅寺湖畔ボートハウス

ここへの行き方
東武日光駅から湯元温泉行きバス56分〜1時間1分、中禅寺温泉から11分、♀竜頭の滝下車

中禅寺金谷ホテル前
中禅寺金谷ホテル

中禅寺湖

中禅寺湖湖畔

30分

遊歩道沿いにはベンチもある

奥日光ホテル四季彩
奥日光ホテル四季彩入口

西十三番園地

東屋とベンチがあり休憩できる

いったん車道に出て再び湖岸へ

204
丸山

N
1:27,300
0 500m

中禅寺湖畔ボートハウスのテラスからの眺め

ミズナラやモミジの中を
歩く

湖畔展望テラス

歩道沿いで湖の展望が開ける場所は少ない

道幅も広くなりミズナラ、モミジなどがトンネルをつくる快適な道はやがて**中禅寺湖畔ボートハウス02**にでる。昭和初期にかけて国際避暑地として賑わった当時の雰囲気を伝える建物で、休憩施設として2階のデッキにはテーブルとデッキチェアが置かれている。再び木立の中へ。やがて湖側の視界が開けると西十三番園地。東屋とベンチがあり、ここでもひと休みできる。ボートハウスの先からはブナなども混じる木立となり、森の中を歩こう。

国際的避暑地だったころの史跡も残る

遊歩道が自動車道に出ると丸山のバス停がある。またすぐに林の中へ。栃木銀行の保養所が現われると再び自動車道路に飛び出し、大崎のバス停となる。道路際の木道を20〜30mゆくと木製の階段があり、そこを下りてまた湖畔の道へ。湖側が開けると西六番園地だ。ここは1893（明治26）年にトーマス・グラバーが別荘を建て、国際的な社交倶楽部「東京アングリング・アンド・カ

ンツリー倶楽部」の拠点とし、後に1927（昭和2）年、ハンス・ハンターがクラブハウスを建てたという由緒ある場所。コースの途中途中には道標や中禅寺湖で観察できる野鳥の案内板なども立てられ、安心して歩ける。

華厳ノ滝まで足をのばし中禅寺温泉から帰路へ

5〜6分で**二荒山神社中宮祠03**前の道路に飛びだす。湖畔の遊歩道はここで終わり。ここからはしばらく自動車道路沿いを行く。中禅寺湖畔で一番賑やかなところで、**船の駅中禅寺04**とその周辺は湖上にせり出すようにウッドデッキが整備されおしゃれな雰囲気だ。道路の反対側には湖畔展望テラスもある。**華厳ノ滝05**へは大鳥居をくぐり、みやげ店が連なる自動車道路沿いにいろは坂方面へ。中禅寺温泉バスターミナルをやりすごしてすすめば、右手奥に華厳ノ滝の入口がある。滝見学はエレベーターで観瀑台まで降りる。帰りは華厳の滝入ロバス停よりも中禅寺温泉バスターミナルから、始発のバスに乗る方がいい。

中禅寺湖畔

P.67 二荒山神社中宮祠03

歩道の終点

大崎

西六番園地

二荒山神社中宮祠03

5分

中禅寺湖上苑

中禅寺郵便局

旅籠なごみ

湖畔展望テラス

15分

船の駅中禅寺04

サンセットピア、湖上デッキ、サンライズピアの3つの湖上デッキがある

中禅寺温泉

ホテル湖上苑

立木観音入口

大鳥居

ザ・リッツ・カールトン日光

中宮祠小中校

ホテル花庵

中禅寺温泉寺

16分

120

華厳ノ滝05 P.67 観瀑台

ここから帰るなら
♀華厳の滝入口から東武日光駅行きバスで終点まで35分

日光市街へ

第一いろは坂

栃木県立日光自然博物館 P.66

華厳の滝入口 GOAL

白雲滝

観瀑台エレベーター

阿含滝

71

食べる＆買う

みやま堂
みやまどう

地図 p.69-G
中禅寺温泉下車すぐ

　厳選した北海道産小豆を使用し、昔から変わらない製法で、保存料を一切使わず手造りしている自家製あんが自慢。黒蜜入りの薄皮で包んだけっこう饅頭10個入り1400円〜は人気の一品。パリッとした皮に大納言小豆のつぶあんを挟んだけっこう最中8個入り1400円〜。ほかに煉り、塩、小倉(つぶあん)、栗の4種類の棹物羊羹もある。

0288-55-0162
日光市中宮祠2478-15
9:00〜17:00
　(冬期は9:30〜16:30)
木曜(祝日の場合は翌日。8月・10月は基本的に無休)
なし

さざ波
さざなみ

地図 p.69-G
立木観音入口から5分

　中禅寺湖畔にあり、散策に疲れたら立寄るのにぴったりのカフェ。手作りのレアチーズケーキが評判で、プレーンとブルーベリーの果肉がたっぷりのった2種類がある。コーヒーか紅茶、オレンジジュースのいずれかセットで。軽食メニューも各種揃い、ホワイトソースとミートソースをパスタとからめたスパゲティーチーズ焼きも人気。2021年5月現在コロナ禍で休業中。

0288-55-0075
日光市中宮祠2482
9:00〜19:00(8月〜10月は7:00〜20:00)
12月〜3月中旬、営業期間中は不定休
5台

シェ・ホシノ

地図 p.69-G
中禅寺温泉から6分

　比較的リーズナブルな料金で本格的な料理が楽しめる店。ランチAコースは定番の「虹鱒のムニエル シェ・ホシノ風」や「栃木県産銘柄豚ロースのポワレ リンゴのコンポート添え」など6種類のメイン料理の中から1品をチョイス、本日のポタージュ、デザート、コーヒー、パンまたはライスが付いて2530円。それにオードブルが付くランチBコースは3080円。ランチメニューはほかに、スパゲティセット1650円やビーフハンバーグセット1980円など。ディナーは、姫鱒か地鶏を選ぶ田舎道コース3520円など

0288-55-0212
日光市中宮祠2478
11:30〜15:00、18:00〜20:00 (O.S.)
不定
10台

レストランメープル

地図p.69-G
♀中禅寺温泉から🚶6分

中禅寺湖名物のニジマスやヒメマスを塩焼きやムニエル、スモークで堪能できる。添加物を一切使用せず、桜のチップだけでじっくりいぶした自家製スモークは定評があって、鹿肉スモーク、チーズスモーク、ヒメマススモークなどが用意されている。ランチの人気は自家製のヒメマススモークやじっくり煮込んだビーフシチュー、日光HIMITSU豚のソテー。ヒメマススモークはお土産パックもある。ディナーはとちぎ和牛のステーキや、霧降高原牛のサーロインステーキが人気。ランチ同様に栃木和牛のハンバーグや自家製のヒメマスのスモークも提供される。

☎ 0288-55-0713
📍 日光市中宮祠2482
🕐 9:00〜17:00(12月〜3月は10:00〜16:00)
🈺 不定
🅿 20台

コーヒーハウス ユーコン

地図p.68-A
♀中禅寺金谷ホテル前下車すぐ

中禅寺金谷ホテル前のバス停脇に建つカナディアンログハウス。カレー1880円〜やロイヤル・サンド1730円〜などの、カジュアルなメニューが中心だが、金谷ホテル直営の店だけに、その味は本格的。チーズケーキとアップルパイ640円、クッキーやバームクーヘンなどの金谷ブランドみやげもある。

☎ 0288-55-0147
📍 日光市中宮祠2482
🕐 11:30〜15:30(15:00LO)
🈺 水曜(祝日の場合は営業、8月と10月は無休)
🅿 30台

龍頭之茶屋
りゅうずのちゃや

地図p.68-A
♀竜頭の滝下車すぐ

施無畏だんごが名物の茶店。「施無畏」とは多くの人にやすらぎを与えるという意味をもつ仏教用語。竜頭ノ滝の観瀑台があり、滝を間近に見ながらひと休みする人たちでにぎわっている。施無畏だんごはみたらしと、よもぎに餡の小倉と2種類あり、どちらも400円。うどん、そばは600円〜、おぞう煮600円、11月中旬〜6月のしるこはいずれも500円。

☎ 0288-55-0157
📍 日光市中宮祠2485
🕐 9:00〜17:00(12月〜4月は10:00〜16:00)
🈺 4月〜11月は無休、12月〜3月は不定
🅿 県営P(有料)を利用

中禅寺湖・華厳ノ滝

73

●ビューポイント●
E 戦場ヶ原
広々とした湿原の西側の端にそびって湯川が流れる。常に男体山の雄姿を見ながら歩く。

F 光徳温泉
H日光アストリアホテル P.84

湯元光徳線歩道

戦場ヶ原周辺の鳥
湯滝入口
戦場ヶ原周辺の植物
P.78 泉門池
奥日光自然案内図

●ビューポイント●
E 戦場ヶ原 P.80
「草原の貴婦人」と呼ばれる。白い肌が美しい台樺の木が1本、青い背筋を伸ばすように立っている。

120
赤沼

湯元光徳線歩道
光徳園地
光徳牧場
光徳温泉・日光アストリアホテル P.82 光徳牧場
コトコラーC

ここから湯ノ湖の眺めがいい
湯元・湯ノ湖定点観察地点 P.82
湯滝の頭
急な階段
湯滝入口
湯滝 P.80-82

湯川沿いの道
ミズナラの森が広がり途中水飲み場もある。木むらが美しい

山王林道
山王峠 1739m
つづら折れの急な石段

太郎山 ▲2388
小太郎山 ▲2328

C

カラマツ林
山王峠眺望はない

ゆるやかできれいな樹林
暗い針葉樹林
ミズナラの林
急な木段 1500m

山王帽子山 ▲2077

於呂倶羅山 ▲2021

B

ウラジロモミと
ミヤコザサの原

針葉樹林
苔むしたたくさんの
道に大木
水のスロープ段付き

三岳 ▲1945

ダケカンバの純林

湯元光徳線歩道案内

●ビューポイント●
B 湯ノ湖 P.82
賑やかな温泉街が広がる北岸に対してこのあたりは静かで、青い湖面には周囲の深い緑を映す。

日光湯元ビジターセンター P.82

日光湯元 P.81
湯元温泉

83

湯ノ湖 P.82

針葉樹林の下を歩く
5月下旬からアズマシャクナゲが咲く

QSA

1672小峠
石段
急な石段
まばらな石組みの階段
急な木段

砂浜
川俣湖

群馬県
片品村

金精山 ▲2244
金精神社
国境平

金精道路
金精平

P
温泉ヶ岳 2333
温泉平
奥鬼怒温泉郷

●ビューポイント●
D 小田代原
川俣温泉へ下りる
岩の露出した道を湖畔へ下りる

五色山 ▲2379
前白根山
白根隠山
白根山 2710
外山 ▲2204

A

D
120

● ビューポイント
Ⓐ 竜頭ノ滝
滝の上から、舗装された階段状の遊歩道が整備されていて、歩きながら眺めを楽しむことができる。

Ⓔ 英国大使館別荘記念公園 P.73
Ⓓ コーヒーハウスユーコン P.84
Ⓒ 中禅寺金谷ホテル P.84
Ⓑ 山のホテル四季彩 P.73
① 日光レークサイドホテル
② 日光金谷ホテル

中禅寺湖畔 P.70
中禅寺湖クルージング P.67
中禅寺湖 P.66

P.70-71のコース
P.76-77のコース
P.78-79のコース
P.80のコース
道標・案内板
ベンチ・休憩所

戦場ヶ原 P.69-79
赤沼

竜頭ノ滝
竜頭ノ茶屋
龍頭之茶屋 P.73
菖蒲ヶ浜

石楠花橋
小田代橋
しゃくなげ橋 0.5k
小田代ヶ原 1.5k

さかなと森の観察園
（中央水産研究所日光庁舎）

園内はブナが多く、秋は黄葉が美しい。

ブナ・ミズナラの森
残雪はない

戦場ヶ原自然研究路入口
日光でくぐる遊歩道

小田代原
P.78

弓張峠

高山▲1668

熊窪

千手ヶ浜・西ノ湖周辺の森林

千手ヶ浜 P.76

クリンソウ群生地

赤岩
栃窪
白岩
マス養魚場

柳沢林道

西ノ湖 P.77

カラマツのうっそうとした森

ミズナラの巨木が点在

中山▲1519

● ビューポイント
Ⓒ 西ノ湖
千手ヶ浜から近いが、訪れる人が比較的少ない奥深い静けさをたたえた湖周辺は静か。

● ビューポイント
Ⓑ 千手ヶ浜
中禅寺湖越しに、裾野を緩やかに広げた優美な男体山の姿を一望できる。

沿道の木々にはびこるシカ除けのネット

幅2mほどのU字形に掘られたこぶし大の石がゴロゴロして足元には注意

草加市立奥日光自然の家案内図
自然の家

樹齢220年のカラマツ林　特別保護林
低公害バスが運行　一般車両通行禁止

阿世潟へ

てくハイク

千手ヶ浜～西ノ湖

せんじゅがはま～さいのこ

起点の千手ヶ浜へは赤沼車庫から出ている低公害バス（p.79参照）で30分、千手ヶ浜バス停で下車するといい。クリンソウの花が見ごろとなる6月や、8月と10月の土曜・休日は「船の駅中禅寺」から出る中禅寺湖クルージング千手ヶ浜コース船が1日1便（所要40分、1000円）、千手ヶ浜まで来ているのでこれを利用してもよい（p.67参照）。地図p.74-75

	全長6km
	総歩行時間 **1時間55分**

01 千手ヶ浜
↓ 🚶60分
02 西ノ湖
↓ 🚶55分
01 千手ヶ浜

高さ30mはあるだろう
ハルニレの大木

 千手ヶ浜から西ノ湖へ

バスを下車したら、舗装道路を今来たバスの進行方向と反対に戻る感じで西ノ湖へと行けるが、せっかくなので千手ヶ浜 **01** からの中禅寺湖を眺めていこう。湖水を挟んで見る男体山は末広がりの優美な姿を逆さに映し、湖畔の遊歩道沿いにはクリンソウの群落があり、6月上～中旬頃の開花期には花見を目的に訪れるハイカーも多い。

西ノ湖への舗装道路に戻り、右手に草加市立奥日光自然の家を見つつ、千手ヶ浜から20分ほど進むとはじめての分岐にでる。左の道は西ノ湖へと続く巨木コース。かつて道は台風で流されてしまったが、再び通れるようになった。所要10分。もう少し先まで歩き、カラマツ林の道をゆくあざみ橋経由のコースをとってもいい。こちらを迂回しても所要25分ほど。往路のバスを西ノ湖入口

湖水に男体山が映る

小田代原～赤沼(P.78)へ →

外山橋

カラマツのうっそうとした森

あざみ橋

（低公害バス）西ノ湖入口

カラマツ・白樺

西ノ湖1.0K

25分

赤と白の橋北側の眺めがいい

巨木コース

ミズナラの巨木が点在

10分

10分

西ノ湖

柳沢川

02 西ノ湖 P.77

幅2mほどのU字形にほられた道こぶし大の石がゴロゴロしているので足元に注意

中山
▲1519

で下りてこのコースを一巡しても同じだ。

合流点にでたら西ノ湖への道をとる。ここからは、何抱えもの太さと多様な樹形が面白いヤチダモ、ハルニレの巨木林の見学コース。10分も歩けば**西ノ湖** ② 湖畔だ。この湖は中禅寺湖から分かれて成立したといわれ、小さいながら砂浜もあり、美しい湖面にその面影を重ねさせている。

静かに水をたたえる西ノ湖

🌞 帰路は千手ヶ原を歩く

西ノ湖の情景を楽しんだら、帰路は千手ヶ原コースを行こう。潅木や足元の草花を観察しながらの楽しい道だ。30分で中禅寺湖湖畔にでる。バス停まで、さらに10分ほど行く。

もう少し歩きたい人は低公害バスを小田代原バス停（p.78）で下車して、小田代原周辺を歩くか、ミズナラの純林を歩く小田代遊歩道につなげて石楠花橋から赤沼へ、または石楠花橋から湯川沿いの道を竜頭ノ滝方面の滝上へというコースもとれる。竜頭ノ滝からは、中禅寺湖湖畔のてくハイク（p.70）とつなげることもできる。

あざみ橋から西ノ湖へのカラマツ林の道

白樺が目立つ秋の小田代原

草加市立奥日光自然の家案内図

草加市立奥日光自然の家

沿道の木々にシカ除けのアミ

【20分】

千手ヶ原

熊窪

中禅寺湖の千手ヶ浜をスタートする

外山沢川

植物観察しながら歩ける道

千手ヶ原

【40分】

千手ヶ浜・西ノ湖周辺の森林

東屋

千手ヶ浜（低公害バス）

START GOAL

冠石

ここへの行き方
赤沼車庫から低公害バスで30分。
♀千手ヶ浜下車

【5分】

千手ヶ浜
01 千手ヶ浜 P.76

西ノ湖 2.7km

外国人に好まれた中禅寺湖

中禅寺湖

マスのぼる川

乙次郎橋

マス養魚場

マス養殖場近くに咲くクリンソウ

クリンソウ群生地

千手堂卍

俵石

N

1:17,700
0　　　500m

てくハイク

小田代原探究路

おだしろがはらたんきゅうろ

　戦場ヶ原の北側に入って小田代原を半周し、竜頭ノ滝まで下るコース。光徳入口バス停（p.62参照）から徒歩3分で戦場ヶ原入口。多少の上りはあるが、道標も細かく設置されている。なお小田代原内は立入禁止。歩き疲れたら小田代原展望台か石楠花橋から低公害バスに乗れば、赤沼に出られる。新緑の時期が美しい。

地図p.74-75

逆川橋たもとから泉門池へ

　光徳入口バス停から逆川橋を渡ると、左側に大きな案内板がある。**戦場ヶ原入口01**の目印だ。バス停から3分ほど。荒れた道だがすぐに2本の木道が現れ、ズミ、カラマツ、シラカバの疎林の中へ延びている。この木道を進めば迷うことはない。

　次第に視界が開けると、左手には戦場ヶ原が広がる。野鳥や植物についての案内板も整備されている。再び林へ入ると、林相がシラカバへと変化。これは湿原が陸地化していることを示す。この先の**三叉路02**を左へたどり、湯川に架かる小田代橋を渡ると、今度はミズナラの森へと分け入る。生い茂る下生えの笹を眺めつつ進むと、すぐに泉門池。カモが遊ぶのどかな池で春はムラサキヤシオツツジが池畔を彩る。縁をたどり**小田代原・赤沼分岐03**で右へ。この先穏やかな登りで、笹とミズナラの樹林が続く。

小田代原からミズナラの純林へ

　やがて左手が開けて小田代原の北側へとでる。シカの侵入を防ぐための柵に設置された回避扉をぬけ、草原の縁をなぞるように、右手のカラマツ林に沿って進む。草原の中に立つ1本の白樺は、「草原の貴婦人」と

全長7km	
総歩行時間 **2時間25分**	
01	戦場ヶ原入口
↓ 🚶25分	
02	三叉路
↓ 🚶10分	
03	小田代原・赤沼分岐
↓ 🚶45分	
04	小田代原展望台
↓ 🚶40分	
05	石楠花橋
↓ 🚶15分	
06	竜頭ノ滝
↓ 🚶10分	
07	竜頭ノ滝

ここで観察できる野鳥や植物を紹介している

草原の貴婦人といわれているシラカバの木

秋の静かな小田代原

称され、カメラマンたちに人気のシャッターポイント。まわりのカラマツも樹齢二百数十年の古木。定点撮影する人もいる名所になっている。

　途中西ノ湖への道が分岐してほどなく**小田代原展望台04**となる。展望台からバス道路を10分ほど行くと「日光てくてく歩道」の案内板があり、再び森の中へ。カラマツ林

ここへの行き方
中禅寺温泉から湯元温泉行きバスで16分。光徳入口下車

カモの遊ぶ泉門池。池畔にベンチがありひと休みできる

遊歩道沿いからの竜頭ノ滝

道路際から戦場ヶ原を眺める展望台

胸の奥まで洗われるようなミズナラの純林をゆく

▶湯元温泉へ
◀湯元温泉へ

01 戦場ヶ原入口
02 三叉路
小田代橋
逆川橋
光徳入口 **START**
泉門池
03 小田代原・赤沼分岐

戦場ヶ原

青木橋

展望台 ◦ B 三本松
R 三本松茶屋

展望台 ◦

戦場ヶ原展望台

湯川

小田代歩道
ミズナラの森

石楠花橋から滝上まで湯川沿いの楽しい道

低公害バス
赤沼車庫
B 赤沼
R 赤沼茶屋

05 石楠花橋

◦滝上
竜頭ノ滝 06
B 龍頭之茶屋 P.73
GOAL 竜頭の滝 07
◦中禅寺温泉へ

ここから帰るなら
♀竜頭の滝から東武日光駅行きバスで終点まで約1時間

N 1:36,900 0 ─── 1km

HINT

低公害バスについて

赤沼から千手ヶ浜まで環境保護のために排気ガスを抑えた低公害のハイブリッドバス「わたすげ」「しらかば」「のあざみ」号が運行されている。停留所以外でも乗車は自由。コースは赤沼車庫─石楠花橋─小田代原─西ノ湖入口─千手ヶ浜。乗車1回500円。4月26日～11月30日運行。問い合わせ先・日光自然博物館♪0288-55-0880

がすぐにミズナラに変わり、頭上高く枝が茂り、野鳥のさえずりも賑やか。

竜頭ノ滝へ

ひと登りして森の中を行く。林相がカラマツに変わってくると石楠花橋05。そのまま道を横切り、甌穴などもみられる湯川沿いの道を下る。シラカバ、ズミの木々が多くなると滝上だ。ここから白波をたてて流れ下る滑滝を右に見て遊歩道を下れば、竜頭ノ滝06の観瀑台に到着する。春のトウゴクミツバツツジ、秋の紅葉時期は滝とのコントラストが見事。

帰りは竜頭の滝07バス停からバスに乗る。まだ歩きたい人は、中禅寺湖湖畔のてくハイク(p.70)と結ぶといい。

湯滝と戦場ヶ原

ゆだきとせんじょうがはら

湯滝から流れ出す湯川に沿って樹林の中を歩き、戦場ヶ原を縦断して赤沼に抜けるコース。起伏もほとんどなく楽。戦場ヶ原の西側を行く木道も、平地感覚で歩ける。

地図p.74-75

ここへの行き方
中禅寺温泉から湯元温泉行きバス27分

起点の**湯滝入口 01** バス停（p.62参照）で降り、左手の林の中の広い道を行くと滝を正面にできる**観瀑台 02** にでる。岩壁を末広がりに落下する湯滝は、豪快で圧巻だ。滝の右脇に沿って急な階段状の道がついており、登ると湯ノ湖の流出口であり、滝の頭でもある落下口に出られる。

湯滝から戦場ヶ原へ

観瀑台からは、木道が樹林の中に延びている。道はやがて湯川沿いに続くようになる。**小田代橋 03** を渡り 泉門池（いずみやどいけ）に出たら、その先の小田代原・戦場ヶ原分岐を左へ進む。あとは道なりに進めば、**青木橋 04** を渡って戦場ヶ原の中へ。原の西側をなぞるように木道が続く。木道の傍らには湿原や草原の花々が咲いているので、観察しながら歩こう。振り返れば最奥に湯滝が望め、行く手には男体山がどっかりと腰を据える。

道は途中から湿原を離れる。石楠花橋・赤沼分岐からバス停のある**赤沼 05** へ。

せせらぎをBGMに歩く湯川沿いの道

全長4.5km

総歩行時間
1時間50分

01	湯滝入口	
↓ 🚶5分		
02	観瀑台	
↓ 🚶35分		
03	小田代橋	
↓ 🚶20分		
04	青木橋	
↓ 🚶50分		
05	赤沼	

末広がりに落ちる水量豊かな湯滝

堂々とすそを広げる男体山を正面に見ながら進む戦場ヶ原

戦場ヶ原を一望にできる展望台

ここから帰るなら
東武日光駅行きバスで終点まで58分〜1時間4分

1:26,600
0　　　　1km

日光湯元

エリアの魅力

宿の充実度
★★★
温泉街の情緒
★★
自然散策
★★

必見スポット：
日光湯元ビジターセンター、湯ノ湖、湯滝

標準散策時間：2時間
（湯元温泉〜日光山温泉寺〜日光湯元ビジターセンター〜湯ノ湖）

硫黄の香り漂う湖畔の温泉

　成分の濃い硫黄泉が豊かに湧き出す。リュウマチ、神経痛、糖尿病、皮ふ病などに効果があるとされ、古くから湯治場として栄えたところ。湖のほとりに宿が集まり、湯ノ湖畔に広がる町全体にほのかに硫黄の香りが漂っている。

見る

日光山温泉寺
にっこうさんおんせんじ

地図p.83
湯元温泉から 3分

　石灯籠が並ぶ参道が150mほど続く。右側には湯ノ平湿原が広がり、湯元温泉の泉源地から湯煙が立ち昇る。

TEKU TEKU COLUMN

奥日光湯元温泉雪まつり
おくにっこうゆもとおんせんゆきまつり

　奥日光湯元温泉で行われる、冬の風物詩的なイベント。1月中旬〜下旬には、有名ホテルの調理人や氷の彫刻家が腕をふるうスノーファンタジア（氷の彫刻展）、2月は毎週金・土曜に17:00〜21:00まで約1000個の小かまくらにLEDライトをともす雪灯里が行われる。たくさんのかまくらに光がゆらめくさまは幻想的。
期間　1月〜3月（詳細は要問い合わせ）
奥日光湯元温泉旅館協同組合
0288-62-2570

日光開山の祖・勝道上人が788（延暦7）年に温泉を発見し、その背後の山に一堂を築いたのが起源とされる輪王寺の別院。本尊の薬師瑠璃光如来像を祀った本堂が公開されている。また、庫裡には薬師湯と呼ばれる浴場があり、一般参詣者も500円で入浴可。温泉を目当てに訪れる人も多い。寺の境内から湯ノ平湿原をたどる木道が続き、泉源地に出られるようになっている。

♪ 0288-55-0013（立木観音） ♀ 日光市湯元
① 日帰り参篭（入浴休憩）8:00〜17:00頃
⊗ 12月〜4月中旬、営業期間中は不定休
Ⓟ 10台 ＊境内拝観自由

日光湯元ビジターセンター
にっこうゆもとびじたーせんたー

地図 p.83
♀ 湯元温泉から 🚶 3分

湯元に着いたらまず訪ねたいのがここ。奥日光の自然に関する展示のほか、

スタッフが実際に歩いて収集したリアルタイムの情報や、日帰り入浴できる温泉施設リスト、ハイキングコースガイドなど、さまざまな情報が揃う（有料のものあり）。自然観察についての各種イベントや講習会も、季節にあわせて開催。敷地内に別棟の無料休憩所やトイレもある。

♪ 0288-62-2321 ♀ 日光市湯元
① 9:00〜16:30（7月・8月は8:30〜17:30、12月〜5月は9:30〜）
⊗ 無休（ただし2月、3月は水曜。12月・1月は土・日曜、祝日と年末年始のみ開館）
Ⓨ 入館無料 Ⓟ 環境庁Pを利用

湯ノ湖
ゆのこ

地図 p.74-E、p.83
♀ 湯元温泉から 🚶 4分、♀ 湖畔前からすぐ

温泉街の南に広がる静かな湖。湖面には白鳥やマガモが遊び、紅葉の頃の美しさは格別だ。5月末から6月にかけては、オオカメノキやアズマシャクナゲも花開く。周囲に一周約3㎞、1時間の遊歩道が整備されている。マス釣りの名所として知られ、5月〜9月の解禁期間には大勢の釣り人が訪れる。ボートや釣り舟の問合せは日光湯元レストハウス（p.83）へ。

湯滝
ゆだき

地図 p.74-E
♀ 湯滝入口から 🚶 5分

湯ノ湖の流出口から流れ落ちる高さ約75mの滝。日光の最奥にかかる滝で、水は湯川の流れとなって中禅寺湖へと注ぐ。滝の正面に観瀑台が設けられている。観瀑台から滝右側の急な階段の道を上って、滝上に出ることもできる。往復約20分。

光徳牧場
こうとくぼくじょう

地図 p.74-E
♀ 光徳温泉・日光アストリアホテルからすぐ、♀ 光徳入口から 🚶 25分

カラマツやシラカバの林に囲まれた約3万㎡の牧場。牛や馬が草をはむ牧歌的な風景が広がる。しぼりたての牛乳150円やアイスクリーム300円を販売する直売所コートクコーラルや、バーベキューを楽しめる

レストランもある。光徳入口のバス停から高原ムードあふれる道を歩き、6月頃に可憐な白い花をつけるズミの木々などに囲まれた、光徳沼を経由して牧場まで歩いても約2km、25分の行程。

- ☎ 0288-55-0256
- 📍 日光市中宮祠2452
- 🕐 レストランなどは
  8:30〜15:30
- 休 無休(12月〜4月は不定)
- ¥ 入場自由　Ｐ 50台

日光湯元　P.81 日光山温泉寺

1:10,500
0　　　200m
N
周辺広域地図 P.74-75

日光湯元温泉

日光市
湯元

徒歩4分

湯ノ湖　P.82

日光湯元

 食べる & 買う

羊羹／日光湯元
つるやの塩羊羹本舗
つるやのしおようかんほんぽ

地図 p.83
♀ 湯元温泉から🚶2分

　塩羊羹のみを製造販売するこだわりの店。1958(昭和33)年の創業以来、着色料や保存料を一切使わず、十勝産小豆とグラニュー糖、寒天、塩だけを使って手作りする塩羊羹は、自然な風味が評判。この店

でしか買えない湯元名物だ。サッパリとした口当たりで、棹タイプと一口サイズがある。

- ☎ 0288-62-2537
- 📍 日光市湯元2459
- 🕐 9:00〜16:00(土・日曜、祝日は〜17:00)
- 休 水曜(祝日の場合は翌日)
- Ｐ 3台

レストハウス／日光湯元
日光湯元レストハウス
にっこうゆもとれすとはうす

地図 p.83
♀ 湖畔前からすぐ、♀ 湯元温泉から🚶4分

　湯ノ湖の北岸に建ち、釣り人やボート遊びを楽しむ人たちでにぎわう。釣り舟などの貸し出しも行っている。レス

トランは、一面のガラス窓いっぱいに湖が広がる景色抜群のロケーション。自慢の料理は湖の幸ワカサギ定食をはじめ、ゆばや地元で人気のチタケというキノコを使った麺類など。日光の地ビールも飲める。

- ☎ 0288-62-2156
- 📍 日光市湯元官有無番地
- 🕐 9:00〜16:00
- 休 12月〜3月
  営業期間中無休
- Ｐ 環境庁Ｐを利用

宿泊ガイド

世界遺産があり、世界から観光客が訪れる日光の宿は、どの宿もクオリティが非常に高い。エリアは市街と霧降高原、中禅寺湖畔、日光湯元温泉と、4カ所に集中している。

日光市街

日光金谷ホテル
♪0288-54-0001／地図：p.16-I／1泊2食付2万1780円〜
●神橋近くの高台に立つ日本最古のホテル。客室は和洋折衷のたたずまい。

日光千姫物語 せんひめものがたり
♪0288-54-1010／地図：p.18-F／1泊2食付1万7710円〜
●新緑や紅葉を望む露天風呂が好評。料理は湯波など地元産品を使った月替わり和洋懐石。

ホテル清晃苑 せいこうえん
♪0288-53-5555／地図：p.19-C／1泊2食付1万2100円〜
●日光山内の静かな環境。露天風呂は日光温泉を利用。料理は湯波などを取り入れた会席。

日光温泉高照
♪0288-53-1311／地図：p.17-C／1泊2食付1万6200円〜
●1万坪の日本庭園を有し、客室や露天風呂から市街や日光連山を望む。

日光星の宿
♪0288-54-1105／地図：p.16-I／1泊2食付1万6200円〜
●ガラス戸を開放すると自然と一体になれる半露天の庭園風呂が自慢。料理は湯波懐石。

鶴亀大吉 つるかめだいきち
♪0288-54-1550／地図：p.16-B／1泊2食付1万6500円〜
●6階の大浴場と露天風呂からは山の緑を望む。テラス風呂の付いた客室もある。

日光東観荘
♪0288-54-0611／地図：p.19-D／1泊2食付1万2100円〜
●山内の仙台伊達公別邸の跡に建ち、静かな環境。浴場は日光温泉が注がれている。

奥の院ほてるとく川
♪0288-53-3200／地図：p.16-A／1泊2食付1万7000円〜
●田母沢御用邸の向かいを入った静かな環境にある。料理は湯波を中心とした日光懐石。

日光ステーションホテルクラシック
♪0288-53-1000／地図：p.17-L／1泊2食付1万6000円〜
●JR日光駅前に建つ。和洋2つのレストランがあり、日帰り温泉入浴施設も併設。

霧降高原

ホテル・カジュアルユーロ
♪0288-53-0500／地図：p.17-D／1泊2食付1万2000円〜
●館内の風呂はすべて源泉かけ流し。日帰り温泉ほの香も利用できる。

大江戸温泉物語 日光霧降
♪0570-011263／地図：p.125-G／1泊2食付1万280円〜
●霧降高原の中心に位置する。最上階にある大浴場は見晴らしがいい。

中禅寺湖畔

中禅寺金谷ホテル
♪0288-51-0001／地図：p.68-B／Ⓣ1泊2食付1万6120円〜
●中禅寺湖畔に建つウッディーな山荘風ホテル。別棟の温泉浴場は日帰り入浴も可。

ザ・リッツカールトン日光
♪0288-25-6666／地図：p.69-G／Ⓣ1泊2食付5万7800円〜／●旧日光レークサイドホテルがリッツカールトンに。栃木の伝統工芸を活かしたデザインが特長。

星野リゾート 界 日光
♪0570-073-011／地図：p.69-G／Ⓣ1泊2食付3万7000円〜／●眼前に中禅寺湖を望む、贅を尽くした造りの温泉旅館。栃木ならではの趣向を凝らした日本会席などが楽しめる。

奥日光ホテル四季彩 しきさい
♪0570-022-251／地図：p.68-B／1泊2食付1万7160円〜
●中禅寺湖畔の木立の中。客室は、ベッドスペースを設けた和モダン。露天風呂もある。

日光アストリアホテル
♪0288-55-0585／地図：p.74-F／1泊2食付1万3000円〜
●光徳牧場の爽やかな高原ムードのホテル。自然石で囲んだ露天風呂が好評。

日光湯元温泉

休暇村日光湯元
♪0288-62-2421／地図：p.83／1泊2食付1万4500円〜
●湯ノ湖畔にある公共の宿。大浴場、露天風呂とも源泉から引いた硫黄泉があふれる。

奥日光森のホテル
♪0288-62-2338／地図：p.83／1泊2食付2万円〜
●乳白色の温泉があふれる岩を組んだ露天風呂は奥日光随一の規模を誇る。

湯元板屋 ゆもといたや
♪0288-62-2131／地図：p.83／1泊2食付1万4580円〜
●江戸末期の創業と伝わる、伝統ある老舗の宿。

湯守釜屋 ゆもりかまや
♪0288-62-2141／地図：p.83／1泊2食付9790円〜
●輪王寺の湯守から明治元年に宿を創業。料理は地元食材を湯守風に仕立てた湯守会席。

鬼怒川・
川治温泉

エリアの旅のアドバイス

鬼怒川温泉・川治温泉へ

鬼怒川温泉は日光と同様、浅草から東武鉄道で約2時間と首都圏から近い位置にありながら、鬼怒川渓谷沿いにそそり立つ大規模ホテル、国道121号線沿いを中心に点在するテーマパークなど、かつて団体旅行向けの温泉地であった。そこに、足湯や日帰り入浴施設、渓谷美を身近にできる遊歩道、吊橋なども登場し、自然に触れる楽しみも加わった。

友人や家族など小グループで出かけ、テーマパークで遊んだり自然の中で過ごしたり、温泉に浸かってリラックスするという過ごし方ができる。

鬼怒川温泉・川治温泉への行き方

浅草から東武鉄道を利用する。愛称がついた特急「きぬ」や「リバティ会津」は全車指定席。5月の新緑や10～11月の紅葉の時期は、土曜や連休初日の午前中の浅草発、日曜や連休最終日の15時頃から夕方にかけての鬼怒川温泉発の列車は早めに予約しないと満席になる。

特急を利用しない場合は、地下鉄半蔵門線直通急行か浅草発の準急を利用し、南栗橋で急行に乗り継ぎ、さらに下今市で快速のAIZUマウントエクスプレスまたは普通に乗り換える。南栗橋発の急行は午前中4本と少ないうえ、紅葉シーズンなどは満席になる率が高いので要注意。都内からは北千住駅連絡がベター。

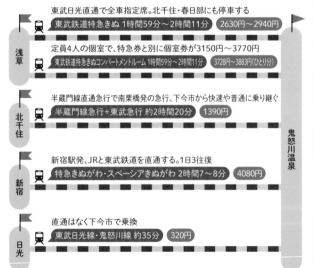

東武日光直通で全車指定席。北千住・春日部にも停車する
浅草 東武鉄道特急きぬ 1時間59分～2時間11分 2630円～2940円

定員4人の個室で、特急券と別に個室券が3150円～3770円
東武鉄道特急きぬコンパートメントルーム 1時間59分～2時間11分 3728円～3883円（ひとり分）

半蔵門線直通急行で南栗橋発の急行、下今市から快速や普通に乗り継ぐ
北千住 半蔵門線急行＋東武急行 約2時間20分 1390円

新宿駅発、JRと東武鉄道を直通する。1日3往復
新宿 特急きぬがわ・スペーシアきぬがわ 2時間7～8分 4080円

直通はなく下今市で乗換
日光 東武日光線・鬼怒川線 約35分 320円

鬼怒川温泉

エリアの魅力

観光ポイント
★★★★
宿泊施設
★★★★
立ち寄り湯
あり
ハイキング
★★★
食べ歩き
★★

観光の問い合わせ先

鬼怒川・川治温泉観光情報センター
☎0288-77-2052
藤原総合支所観光課
☎0288-76-4111
鬼怒川温泉駅ツーリストセンター
☎0288-77-1158

浅草～鬼怒川温泉の特急料金

特急スペーシアは平日1360円、休日1470円。また、行きは浅草発午後、帰りは鬼怒川温泉発夕方以降の列車は割引となり1050円。

特急券の申込先

浅草発・特急きぬ
主な旅行会社、東武鉄道の各駅、東武鉄道お客さまセンター ☎03-5962-0102（10日前まで。受取は東武トップツアーズのみ）
新宿発・特急きぬがわ、スペーシアきぬがわ
首都圏の主なJRの駅、主な旅行会社

JRを利用の場合、新宿から（繁忙期には大船・横浜、八王子発も）JR〜東武線を経由して鬼怒川温泉直通の特急「きぬがわ」「スペーシアきぬがわ」が運行。なお、3月中旬〜11月は日光〜鬼怒川間にエクスプレスバスが運行される。1日2本、所要49分、乗車料1000円。日光駅と鬼怒川温泉駅のツーリストセンターで予約が必要。まるごと日光・鬼怒川東武フリーパスは利用できる。

●川治温泉へ

電車の場合、鬼怒川温泉駅からだと、会津田島方面行きの快速AIZUマウントエクスプレスか普通の利用となる。川治温泉駅まで16〜27分、450円、川治湯元駅まで18〜29分、450円。浅草からは、乗り換えなしの特急リバティ会津が早くて便利。川治温泉駅まで2時間21〜34分、3730円、川治湯元駅まで2時間25〜38分、3730円。

バスの場合、鬼怒川温泉駅前からは川治温泉行きか湯西川温泉行きのバスを利用、20分、710円。川治温泉街の中を走り、停留所が数カ所あり、ほとんどの宿は各バス停から徒歩5分程度。

POINT

はじめの一歩

●観光割引券を入手する

鬼怒川周辺のテーマパークなどの観光割引券は、駅以外にも宿やコンビニなど各所で入手できる。同じ施設に各種割引券を重複して使用することはできない。

●定期観光バスに乗る

鬼怒川温泉駅前から、日光・中禅寺方面へ定期観光バスが運行している。p.15を参照。

テーマパークへは、
3番乗り場から

鬼怒太の湯は足湯で、
利用時間は9:00〜
17:00。無料

●観光施設の割引券を入手する

駅構内の鬼怒川温泉駅ツーリストセンターに、東武ワールドスクウェア、江戸ワンダーランド日光江戸村などの入場割引券が置かれている。

〈鬼怒川温泉駅前〉

↑船下り乗り場
鬼怒川・川治温泉
観光情報センター

交番
①川俣・女夫渕温泉
①湯西川温泉
滝
時計塔
鬼怒太の湯
駅前広場
特急券・バス乗車券
入場券・拝観券の販売
宿泊予約など
⑦
駐車料有
鬼怒川公園駅
日光江戸村線
下今市駅
温泉街
③④
日光ダイヤルバス
日光交通㈱ダイヤル営業所
⑤⑩
日光鬼怒川エクスプレス・定期観光バス
●SL転車台
鬼怒太像
売店駅出入口
BENTO CAFE KODAMA
駅出入口
コンコース
改札口
ホームへ↑
駅事務室

JRからの直通特急

鬼怒川温泉駅

交通の問い合わせ先

東武鉄道
お客さまセンター
☎03-5962-0102
東武グループ
ホームページ
http://www.tobu.co.jp/
JR東日本
お問い合わせセンター
☎050-2016-1600
日光交通バス
ダイヤル営業所
☎0288-77-2685

エリアの旅のアドバイス

●テーマパークへ直行する

3番のバス停が東武ワールドスクウェア、日光江戸村方面の循環バス乗り場で、9:00〜15:45の間約20〜25分おきの運行。フリーパス利用可。

バス網は充実

●宿へ直行する

駅から各宿を結ぶホテル間循環バスが、5番乗り場から19時3分着の電車まで対応。乗車時に宿名をいえば、玄関前で下車可能。200円均一。フリーパス不可。

87

まわる順のヒント

　鬼怒川温泉、川治温泉とも、宿泊が中心の観光地なので、到着して宿にはいる前と、泊まった翌日に帰りの列車に乗るまでの過ごし方となる。見どころの中心は各種テーマパークで、遊ぶのはもちろん、いずれの施設も飲食施設や売店などが充実しているので、園内で食事やおみやげを買ったりとじっくり過ごせば半日〜1日はかかる。1〜2カ所、目当てのところを決めておくのがおすすめ。

●各テーマパークへ

　鬼怒川温泉駅から、各テーマパークを循環してバスが運行。東武の各種フリーパス（p.120〜123）で利用できるほか、同路線のバスが乗り降り自由の鬼怒川1日フリーパスもある。このパスは820円で、東武ワールドスクウェアの往復だけだとかえって損になるので注意。

●龍王峡へ

　電車の場合、鬼怒川温泉駅から会津田島方面行きの快速AIZUマウントエクスプレスで12分、350円の龍王峡駅下車。また、浅草からの特急リバティ会津が直通しており、野岩鉄道線は各種フリーパスで利用できる。

　バスの場合、鬼怒川温泉駅前から川治温泉行きか女夫渕行き、湯西川温泉行きのバスで10分、龍王峡駅前の国道沿いにある竜王峡入口バス停で下車。450円。1時間に1〜3便の運行。このバスも各種フリーパスで利用できる。

●各テーマパークへの
　バス路線

鬼怒川温泉からの帰り方

　宿から鬼怒川温泉駅へは、各宿を経由するダイヤルバスが8時〜10時40分の間、20分間隔で運行している。予約制で、前日に宿のフロントに申し込んでおこう。運賃は鬼怒川温泉駅まで一律200円。ほか、各テーマパークへ直行する便もあり、泊まった翌日に観光する場合に便利。ただし各種フリーパスでは利用できない。

　浅草・新宿方面へ向かう特急は、5月や夏期、10〜11月の行楽シーズンの休日の午後から夕方にかけては混雑するため、あらかじめ指定券を用意しておいた方が無難。快速は会津田島発が多く、鬼怒川温泉駅到着時にすでに満席の場合が多い。

夜の散策

　鬼怒川温泉、川治温泉ともに食事処や飲み屋、バーなどを擁する大規模ホテルが多く、ホテル内ですべて用が足りてしまう。逆に、ひなびた温泉街の情緒が堪能できるようなところはない。夜は温泉に入って部屋でゆっくりくつろいだり、宴会やカラオケで盛り上がるか、いずれにしても、宿で過ごすのが無難。

SL大樹

　2017年6月から下今市駅〜鬼怒川温泉駅間でSL大樹号の運行が始まり、新たな人気を博している。運転日は金〜月曜が中心で不定期運行（運転日はHPで確認を）。運転日には上下線各3本運行。乗車には運賃のほかにSL座席指定券760円が必要で、東武線各駅の窓口、東武トップツアーズや主要旅行会社などで購入できる。電話やネットでの予約も可能。詳細は東武鉄道お客さまセンター　☎03-5962-0102へ。

ダイヤルバスの料金

（鬼怒川温泉の各宿から）
東武ワールドスクウェア…400円

日光江戸村…600円
＊各宿のフロントを通して要予約。朝便のみ。

テーマパーク

鬼怒川温泉にはテーマも規模もさまざまな個性的施設があり、テーマパーク巡りの楽しみがある。

東武ワールドスクウェア

オススメ

高さ26mの東京スカイツリーなど、世界各国の有名な遺跡、神殿、宮殿、城、超高層ビルなどを25分の1の縮小サイズで精密に再現したテーマパーク。22カ国102点にも及ぶミニチュア建造物を、現代日本、アメリカ、エジプト、ヨーロッパ、アジア、日本の各ゾーンごとに展示。身長7cmの小さな人形が合計14万体。大勢の中には懐かしい洋画の中の主人公や、寅さん、三蔵法師の一行などがいて、それらの人物を探す楽しみもある。季節により夜のライトアップも。

地図p.93-B
浅草駅・新宿駅から特急利用で東武ワールドスクウェア駅下車すぐ。または、鬼怒川温泉駅からバスで5分。
♪ 0288-77-1055（予約センター）
🏠 日光市鬼怒川温泉大原209-1
🕘 9:00～17:00（12月～3月19日が9:30～16:00）
入園は1時間前まで
🈂 無休　💴 当日2800円、前売2500円
🅿 1000台（500円）

現代日本ゾーン

国会議事堂や東京スカイツリーなど日本の代表的な建造物を展示。プロ野球の試合開始前を再現した東京ドームでは、人ごみの中に力士の姿も。

アメリカゾーン

自由の女神や高層ビルが立ち並ぶニューヨーク・マンハッタン。逃げる泥棒とそれを写真に撮る観光客など、リアルに再現。

ヨーロッパゾーン

イギリス王室の住居バッキンガム宮殿。観光名物になっているおもちゃの兵隊のような近衛歩兵連隊の隊列も見られる。

エジプトゾーン

三大ピラミッドといわれている、メンカウラー王、カフラー王、クフ王のピラミッドとスフィンクス、アブ・シンベル大神殿などが見られる。

アジアゾーン

中国の敦煌莫高窟。4世紀なかごろからゴビ砂漠のなかに造られた仏教史跡で、たくさんの仏像や仏画が残る貴重な遺跡として知られる。

江戸ワンダーランド 日光江戸村

本格建築と迫真のお芝居で、大江戸八百八町の文化と風俗を楽しく再現している。通行改めをして関所を抜けると宿場町、下町、武家屋敷町、忍びの里などが次々に現れる。

人情味あふれる芝居が演じられる北町奉行所、江戸の裏舞台で活躍していた忍者たちが大活躍する大忍者劇場、華麗な水芸などを披露する水芸座ほか、見どころもいっぱい。

地図p.93-C 鬼怒川温泉駅から日光交通バス日光江戸村線で22分、日光江戸村下車すぐ。日光東照宮前・富士屋観光センター発着の無料送迎バスあり。

♪ 0288-77-1777 ♀ 日光市柄倉470-2

○ 9:00〜17:00（12月〜3月19日は9:30〜16:00）。入村は1時間前まで

☾ 祝日以外の水曜と12/8〜21（GWと春・夏休み・年末年始は無休）

¥ 通行手形（入村＋村内すべての劇場、見世物小屋入場料）4800円。14:00以降は4100円（12月〜3月19日は13:00以降）　P 2000台（800円）

文化劇場 若松屋

平和で繁栄した江戸時代を象徴する「お大尽遊び」。吉原で豪遊する大名や豪商の旦那たちを「お大尽」と呼び、彼らが楽しんだ風流な遊びは江戸文化を凝縮している。その様子を再現してみせるとともに、観客が参加して、体験もできる。

江戸村人気のキャラクター・ニャンまげ

活動写真の里

テレビ時代劇のロケ現場に遭遇することも多い、本格的な時代劇のオープンセット。

江戸下町

日光江戸村のメインストリート。商家や民家が並び、懐かしいおもちゃや駄菓子を売る店、食べ処などもあり、歩くだけでも楽しい。

江戸生活文化伝承館
南町奉行所
文化劇場 若松屋
水芸座
両国座
江戸職業体験
小伝馬町牢屋敷
日本橋
ニャンまげ劇場
花魁道中
江戸下町
大忍者劇場
忍者からす屋敷
両国橋
お狩場食事処
大江戸天満宮
江戸職業体験
旅籠屋
活動写真の里
関所（園内出入口）
券売所

江戸ワンダーランド
日光江戸村

見る＆遊ぶ

鬼怒川ライン下り

きぬがわらいんくだり

地図 p.99-B
鬼怒川温泉駅から乗船場まで 🚶 5分

　船頭の操る櫂に身をまかせて、温泉街の鬼怒川港から約6km下流の大瀞港まで40分の船旅だ。天をつくようにそそり立つ楯岩をはじめ、次々と奇岩怪岩が現れる。船上から見る渓谷は新緑、紅葉の時期にはいっそう美しさを増す。下船場バス停から鬼怒川温泉駅直行のシャトルバス（無料、約15分）がある。

☎ 0288-77-0531（予約受付け8:00〜17:00）
📍 日光市鬼怒川温泉大原1414
🕐 9:00〜15:45。1日12便、所要40分
🈳 12月〜4月上旬（天候・河川水量の増減水等により運休あり）
💴 2900円　🅿 150台（500円）

日光・鬼怒川3D迷路恐竜館

にっこう・きぬがわすりーでぃーちゅう・きょうりゅうかん

地図 p.93-C
📍 とりっくあーと前から 🚶 2分

　2021年2月リニューアルオープン。人気の恐竜コンテンツ（展示）はそのままに、ジャングルをコンセプトにした屋内型立体迷路が拡充された。

☎ 0288-70-1066　📍 日光市小佐越1-83
🕐 10:00〜17:30（17:00受付け終了。季節時間あり）
🈳 無休（臨時休館あり）
💴 入館1400円　🅿 150台

おさるの山・鬼怒川温泉ロープウェイ

おさるのやま・きぬがわおんせんろーぷうぇい

地図 p.99-A
📍 ロープウェイ前からすぐ

　丸山山頂にあり、標高783mの山頂展望台からは、眼下に小さく鬼怒川温泉街を見

下ろせる。施設内の檻の中にはタイワンザル約30匹が飼育されている。

- ☎ 0288-77-0700　📍 日光市鬼怒川温泉滝834
- 🕐 おさるの山
　9:00〜16:00（GW、夏休み延長あり）
- 🈂 無休（整備のための運休あり）
- 💴 おさるの山入園無料。ロープウェイ片道650円、往復1100円
- 🅿 70台　＊ロープウェイは所要3分30秒

花茶寮 竹久夢二美術館
はなさりょう　ひさゆめじびじゅつかん

地図p.99-C
鬼怒川温泉駅から🚗3分

　画家、版画家、詩人であり、グラフィックデザイナーの先駆者でもあった竹久夢二（1884〜1934）。大きな瞳に憂いをふくんだ夢二式美人画は、明治末から大正期にかけて広く青年層の心を魅了し、現在でもファンが多い。竹久夢二美術館の閉館に伴い移転し鬼怒川温泉花茶寮に併設された。夢二の作品をはじめ、著作本や装丁本、ゆかりの品々も併せて展示。2021年5月現在休館中。

- ☎ 0288-76-8736
- 📍 栃木県日光市鬼怒川温泉大原652-1
- 🕐 10:00〜16:30
- 🈂 水曜
- 💴 500円

日光花いちもんめ
にっこうはないちもんめ

地図p.93-B
小佐越駅から🚶15分

　約600品種、8000鉢の花が、大小2つの温室で一年中楽しめる。とくにベゴニアの

品種は充実していて、可憐な花を咲かせる原種、大輪で艶やかな園芸種などさま

ざま。大温室には、天井から吊り下がるハンギングフラワーや壁一面を彩る花に囲まれ、池を眺めながらくつろげる軽食喫茶スペースも。ベゴニアソフトクリーム300円などを試してみては？　小温室は季節に合わせ園芸品種の草花を展示。

- ☎ 0288-77-0866
- 📍 日光市小佐越坂の下800
- 🕐 9:00〜16:30（最終入園16:00）
- 🈂 無休　💴 1000円　🅿 100台

日光人形の美術館
にっこうにんぎょうのびじゅつかん

地図p.99-A
鬼怒川公園駅から🚶3分

　白壁とステンドグラスがはめ込まれた窓がエレガントな、洋館風の外観。館内では、振り袖姿の市松人形や雛人形をはじめ、柔らかな曲線が特徴のスペイン製リヤドロやドイツ製のアンティークドールといった西洋人形など、約450体を展示。人形は、一体一体それぞれ違った表情を見せており、興味深い。市松人形の即売コーナーや、ティールームも併設。

- ☎ 0288-77-1211
- 📍 日光市藤原19-96
- 🕐 9:00〜17:00（最終入館16:30）
- 🈂 無休　💴 700円　🅿 20台

日光焼鬼怒川庵
にっこうやききぬがわあん

地図 p.99-C
東武ワールドスクウェア駅からすぐ

1897（明治30）年に始まり、長い間忘れ去られてきた日光焼を現代に継承する窯元。日光焼は、硬めの土と鉄分を多く含んだ釉薬で、深く渋い色合いと重厚感のあるつやを生み出すのが特徴。陶芸教室（10時、13時、15時。要予約）では、小鉢、ビアマグ、湯呑、コーヒーマグなど好みのものを、約2時間かけて完成させる。料金は2600円〜。作品は約2カ月後に郵送（別料金）。

☎ 0288-76-0854
📍 日光市鬼怒川温泉大原207-1
🕘 9:00頃〜16:00頃
🈳 不定　🅿 10台

鬼怒楯岩大吊橋
きぬたていわおおつりはし

地図 p.99-B
鬼怒川温泉駅から🚶10分

鬼怒川の名勝楯岩の下流に架かる長さ140mの歩道専用吊橋。川面から40mの高さにあり、楯岩と鬼怒川の流れ、時にライン下りの舟を見下ろせる。渡った先は遊歩道が楯岩へと続き、急階段を登ったてっぺんの展望台からは、温泉街、鶏頂山など高原山連山のパノラマが展開する。

展望台には縁結びの鐘があり、若い人たちの人気スポット。遊歩道の途中には、鬼怒

川のアイドル鬼怒太誕生地という誕生鬼の
モニュメントもある。

📍 日光市鬼怒川温泉大原1436
💰 通行無料　🅿 20台

七福邪鬼めぐり
しちふくじゃきめぐり

地図p.99-A～B
鬼怒川温泉駅から🚶約2時間

駅前広場と鬼怒川に架かる大吊橋、立岩橋、ふれあい橋、黒鉄橋、滝見橋、鬼怒岩橋の6つの橋のたもとに置かれた陶製の邪鬼像

は、栃木県益子町に在住する陶壁作家・藤原郁三氏が制作。

　これらを巡り温泉に入れば健康もアップ、邪気払いもできるというもの。駅前の観光情報センターに置いてある台紙にスタンプを集めると、記念品交換所で邪気払いの小判入りお守りをもらえる。

鬼怒川・川治温泉観光情報センター
📞 0288-77-2052

日帰り入浴施設
鬼怒川公園岩風呂

日光市営の施設で、白壁のすっきりした建物。男女それぞれ檜造りの2つの浴槽がある内湯と、庭園風の岩を組んだ露天風呂がある。地元客より観光客の利用が多く、明るく開放的。泉質は肌に軟いアルカリ性単純温泉で、神経痛、打ち身、冷え性、疲労回復にいい。

地図p.99-A　鬼怒川公園駅から🚶5分
📞 0288-76-2683　📍 日光市藤原19
🕐 10:00～21:00（入館は30分前まで）
🈺 火曜（祝日の場合は翌日）、12/30・31
　施設点検日（6月第2火曜～木曜）休
💰 入浴700円　🅿 40台

湯處すず風

新大瀞橋のたもとにあり、眼下に鬼怒川の流れを見下

ろす露天風呂が自慢。湯船に浸かりながらライン下りの舟を眺められる。内湯はサウナ、ジャクジー付き。無料休憩室のほか貸室（1時間2000円）もある。

地図p.93-C　小佐越駅から🚶10分
📞 0288-77-2683　📍 日光市小佐越19-5
🕐 12:00～20:00（土・日曜、祝日は10:00～）。
　受付は1時間前まで
🈺 水曜（祝日の場合は翌日）
💰 入浴900円　🅿 30台

鬼怒川仁王尊プラザ

屋形船の露天風呂や、水着や湯浴み着で入る解放感たっぷりの混浴露天風呂に入りながら、眼下に鬼怒川を望める。敷地内の源泉から直接温泉を引いており、岩風呂、内風呂もある。

地図p.99-C
小佐越駅から🚶12分（送迎あり）
📞 0288-76-2721
📍 日光市鬼怒川温泉大原371-1
🕐 9:00～21:00（最終受付20:00）
🈺 無休　💰 入浴700円　🅿 50台

イタリア料理／鬼怒川温泉

トラットリア・カミーノ

地図 p.99-B
鬼怒川温泉駅から🚶8分

鬼怒川では数少ない本格的なイタリア料理を味わえる店。石窯焼きのピザなど軽食をはじめ、日光霧降高原牛のステーキ200g2850円やイカ墨のスパゲティ1300円などが人気。平日はプラス400円でサラダ、パン、飲み物が付く。ディナーコース予約のみ。ピッツァカプリチョーザやワタリガニのリングイネもおすすめ。

♪ 0288-76-0867
📍 日光市鬼怒川温泉大原
1430-2
🕐 11:30〜15:00(14:30LO)、
22:00(21:00LO)
休 水曜(祝日は営業)
¥ ランチ1600円
Ⓟ 10台

そば・うどん／鬼怒川温泉

大黒家
だいこくや

地図 p.99-C
鬼怒川温泉駅から🚶15分

手打ちそばの店。比較的広く、昼時でも待たずに入れる。

そばは北海道産のそば粉を、還元水で打っている。ざるそば700円、舞茸天ぷらそば1100円など。ざるそばに、天ぷら、炊込み御飯、煮物、味噌汁、香物がついたボリュームたっぷりの大黒家定食2300円もおすすめ。このほかに、ゆばそば1100円も人気。うどんも各種ある。

♪ 0288-76-1259
📍 日光市鬼怒川温泉大原 680
🕐 11:00〜15:00
休 水曜(祝日の場合は翌日)
Ⓟ 15台

軽食／鬼怒川温泉

カフェ・クリフサイド

地図 p.99-B
鬼怒川温泉駅から🚶15分

鬼怒川に架かる黒鉄橋(くろがねばし)のたもとにあり、広い窓からは鬼怒川渓谷が一望できる。22時まで営業しているので、夜の散歩途中でのひと息にいい。おすすめは開店以来の名物メニュー・クラブハウス風サンドイッチ。玉子、ベーコン、野菜がたっぷりさんどされ、ボリューム満点だ。和風きのこスパゲティー

や目玉焼き付きビーフカレー、隠れた人気のホットドッグなどもある。夏は「三ツ星氷室」の天然氷を使ったかき氷が堪能できる。

♪ 0288-76-1581
📍 日光市藤原1604
🕐 8:30〜17:00、
19:30〜22:00
休 不定　Ⓟ 2台

 ### 和菓子／鬼怒川温泉

盛永本店
もりながほんてん

地図 p.99-B
鬼怒川温泉駅から🚶5分

使用する材料や一貫した自家製造など、オリジナリティにこだわりを見せる。看板の温泉まんじゅう1個140円は、北海道十勝産のあずきを使用。つぶあん、こしあん、栗、くるみがある。もうひとつの看板商品の鬼怒川どら焼きは、2日かけて丁寧に手焼きした皮で十勝産の小豆餡を包みこんだもので、1個173円。バター入りもあり、こちらは1個238円。どちらも130g前後のずっしりと重い食べ応え充分の量。こちらは数が少なく人気のため、早くに売り切れる。

♪ 0288-77-0405
📍 日光市鬼怒川温泉大原
1060
🕐 9:00〜17:00
休 不定　Ⓟ 2台

泊まる

深い渓谷を刻む鬼怒川の、両岸に沿って宿が立ち並ぶ。泉質は無色の単純温泉。効能は神経痛、リュウマチ、胃腸病、婦人病、冷え性、疲労回復など。温泉地の規模に比べると、団体向きの高層の大型旅館が多いが、個人客を対象に、工夫を凝らした宿も増えた。

 旅館／鬼怒川温泉

鬼怒川金谷ホテル
きぬがわかなやほてる

地図p.99-B
鬼怒川温泉駅から🚶3分

鬼怒川の自然と一体になれるウッドデッキテラスや露天風呂がいい感じ。内湯は古代檜造りと大理石造り。食事はダイニングで旬の金谷流懐石料理を。

♪ 0288-76-0001
📍 日光市鬼怒川温泉大原1394
¥ 1泊2食付休前日4万1250円～
Ⓟ 30台
ⓘ 開業1978年(2012年改装)／部屋数41室／露天風呂あり

 旅館／鬼怒川温泉

あさや

地図p.99-A
ダイヤルバスで8分♀あさや下車

3階から12階まで吹き抜けの開放感あふれるエントランスが広がる。空中庭園風呂や貸切風呂のほか、岩盤浴もある。食事はオープンキッチンのレストラン、和風ダイニング、個室料亭などで。

☎ 0120-02-1126
📍 日光市鬼怒川温泉滝813
¥ 1泊2食付休前日2万900円～／平日1万9800円～
Ⓟ 400台
ⓘ 開業1888年(2005年改装)／部屋数192室／露天風呂あり

 旅館／鬼怒川温泉

ホテルサンシャイン鬼怒川
ほてるさんしゃいんきぬがわ

地図p.99- B
鬼怒川温泉駅から🚶10分

鬼怒楯岩大吊橋の入口に建ち、全室リバービュー。大浴場は渓谷の緑がせまる露天風呂付き。足湯カフェもある。食事は料金によりバイキングか部

屋出しとなる。

♪ 0570-034-810
📍 日光市鬼怒川温泉大原1437-1
¥ 1泊2食付休前日1万5400円～／平日1万1000円～
Ⓟ 100台
ⓘ 開業1986年／部屋数117室／露天風呂あり

 旅館／鬼怒川温泉

鬼怒川パークホテルズ
きぬがわぱーくほてるず

地図p.99-B
鬼怒川温泉駅から🚶5分

木楽館、木の館、木心亭、パークコテージの4タイプの宿泊棟がある。風呂も古代檜風呂、大江戸浮世風呂、屋形船風呂など多彩。男女入替制ですべての風呂に入れる。

♪ 0288-77-1289
📍 日光市鬼怒川温泉大原1409
¥ 1泊2食付休前日1万3200円～／平日1万円～
Ⓟ 130台
ⓘ 開業1949年(1999年改装)／部屋数131室／露天風呂あり

 **旅館／鬼怒川温泉**

静寂とまごころの宿七重八重
せいじゃくとまごころのやどななえやえ

地図p.99-B
鬼怒川温泉駅から🚶5分

大理石を基調にした大浴場のほか、眼下にライン下りの

発船場を望む岩造りの露天風呂がある。食事は会席で、岩魚の刺身が名物。

- ☎ 0288-77-2222
- ◎ 日光市鬼怒川温泉大原 1060
- ¥ 1 泊 2 食付休前日 2 万 3100 円〜／平日 1 万 9800 円〜
- Ⓟ 30 台
- ℹ 開業 1963 年（1995 年改装）／部屋数 38 室／露天風呂あり

旅館／鬼怒川温泉
ホテル鬼怒川御苑
ほてるきぬがわぎょえん

地図 p.99-B
鬼怒川温泉駅から🚶10 分

鬼怒川温泉の景観を担う渓畔に建つ大型ホテルの一つ。食事は朝夕共バイキング。大浴場や露天風呂のほか、木の香りがいい貸切風呂「御所の湯」が人気（50 分 5000 円）。

- ☎ 0288-77-1070
- ◎ 日光市藤原 1-1
- ¥ 1 泊 2 食付休前日 1 万 1200 円〜／平日 7800 円〜
- Ⓟ 100 台
- ℹ 開業 1972 年（1990 年改装）／部屋数 201 室／露天風呂あり

旅館／鬼怒川温泉
きぬ川ホテル三日月
きぬがわほてるみかづき

地図 p.99-B
鬼怒川温泉駅から🚶3 分

鬼怒川温泉駅から歩いてすぐ、鬼怒川に面して建つ巨大ホテル。ガーデンスパには屋内、屋外の温泉プール、韓国エステ施設など多彩な遊び空間が用意されていて、宿泊客以外にも人気。また、鬼怒川渓谷を見渡せる温泉大回廊は長さ100 m、渓谷の湯、きぬの湯、夢見の湯などさまざまなタイプの湯舟が並び、壮観だ。夕食では、フルコースのバイキングも好評。

- ☎ 0288-77-2611
- ◎ 日光市鬼怒川温泉大原 1400
- ¥ 1 泊 2 食付休前日 1 万 9440 円〜／平日 1 万 6200 円〜
- Ⓟ 300 台
- ℹ 開業 2009（平成 21）年／部屋数 259 室／露天風呂あり

旅館／鬼怒川温泉
一心舘
いっしんかん

地図 p.99-A
ダイヤルバスで 8 分 🚏一心舘下車

クアハウスが楽しめ、男女別に、打たせ湯、寝湯、かぶり湯、ジャクジー、サウナ、箱蒸しなどの浴槽があり、日帰り入浴も可能。水着着用の温水プールもある。

- ☎ 0288-77-0008
- ◎ 日光市鬼怒川温泉滝 542-3
- ¥ 1 泊 2 食付休前日 1 万 4904 円〜／平日 1 万 3824 円〜
- Ⓟ 60 台
- ℹ 開業 1926 年（1986 年改装）／部屋数 40 室／半露天風呂あり

旅館／鬼怒川温泉
花の宿松や
はなのやどまつや

地図 p.99-A
鬼怒川公園駅から🚶3 分

館内には竹久夢二の作品やゆかりの品が飾られ、夢二の宿として親しまれている。鬼怒川のせせらぎを間近かに眺める露天風呂も自慢。檜造りの貸切風呂や露天風呂付きの客室も好評だ。夕食は、湯波や栃木牛など、地元の食材を生かした料理。

- ☎ 0288-77-1221
- ◎ 日光市藤原 19
- ¥ 1 泊 2 食付 1 万 6500 円〜
- Ⓟ 80 台
- ℹ 開業 1959 年（1982 年改築、2008 年改装）／部屋数 58 室／露天風呂あり

旅館／鬼怒川温泉

きぬ川不動瀧
きぬがわふどうたき

地図 p.99-C
ダイヤルバスで5分♀きぬ川不動瀧下車

鬼怒川沿いに建つ客室数10室の、落ち着きのある和風旅館。総檜造りの露天風呂からは、鬼怒川の渓谷美をゆったりと堪能できる。料理は地元栃木のものを中心にした、こだわり素材の懐石料理。

- ☎ 0288-76-2008
- 📍 日光市鬼怒川温泉大原656-1
- ¥ 1泊2食付休前日2万2000円～
- 🅿 10台
- ℹ 開業1991年(1997年改装)／部屋数12室／露天風呂あり

旅館／鬼怒川温泉

ほてる白河湯の蔵
ほてるしらかわゆのくら

地図 p.99-B
ダイヤルバスで5分♀ほてる白河湯の蔵下車

アルカリ性単純温泉の源泉「羽衣の湯」は、湯冷めしにくく肌にやさしい。庭園風の貸切半露天風呂は、ゆっくりしたい人に好評。

- ☎ 0120-076-020
- 📍 日光市鬼怒川温泉滝483
- ¥ 1泊2食付1万2200円～
- 🅿 40台
- ℹ 開業1950年(2012年改装)／部屋数50室／露天風呂あり

旅館／鬼怒川温泉

若竹の庄
わかたけのしょう

地図 p.93-A
鬼怒川公園駅から🚶8分

長屋門をくぐり中庭を抜けて玄関へ。昔の庄屋をコンセプトにした落ち着いた宿。大浴場や益子焼の陶芸風呂など。隣接する別邸笹音は全16室露天風呂付き。

- ☎ 0288-76-3000
- 📍 日光市藤原136
- ¥ 1泊2食付休前日2万7650円～／平日2万4350円～
- 🅿 30台
- ℹ 開業1992年／部屋数40室／露天風呂あり

旅館／鬼怒川温泉

里の宿千春
さとのやどちはる

地図 p.99-B
鬼怒川温泉駅から🚶2分

客室数6室の小さな宿。こぢんまりしてくつろげる。外廊下を通っていく風呂は源泉をそのまま使用した100％の

天然温泉で、貸切りの時間帯も設けられている。

- ☎ 0288-77-0425
- 📍 日光市鬼怒川温泉大原1388
- ¥ 1泊2食付9350円～
- 🅿 5台
- ℹ 開業1993年／部屋数6室

ホテル／鬼怒川温泉

鬼怒川プラザホテル
きぬがわぷらざほてる

地図 p.99-A
ダイヤルバスで10～15分♀鬼怒川プラザホテル下車

鬼怒川に迫り出すようにして立ち、その景観を檜やジャクジー付き露天風呂、内湯から楽しめる。夕食は、料金により約150種の小鉢ブッフェや網焼き料理、しゃぶしゃぶなど。部屋出しもあり。

- ☎ 0288-76-1031
- 📍 日光市鬼怒川温泉滝530
- ¥ 1泊2食付1万4300円～
- 🅿 200台
- ℹ 開業1951年(2005年改装)／部屋数159室

旅館／鬼怒川温泉

きぬ川国際ホテル
きぬがわこくさいほてる

地図 p.99-A
ダイヤルバスで10〜15分 ♀きぬ川国際ホテル下車

犬猫と一緒に泊まれる宿として知られる。温泉にも入れ、食事も犬猫用が出る。

📞 0288-77-0019　📍 日光市鬼怒川温泉滝540
💴 1泊2食付1万4850円〜　🅿 40台
ℹ 開業1952年(1988年増築)／部屋数25室

 旅館／鬼怒川温泉

鬼怒川温泉 山楽
きぬがわおんせん さんらく

地図 p.99-B
鬼怒川温泉駅から🚶10分。宿の送迎あり

客室は、2間付きで欄間の意匠など、各部屋で異なる贅沢な造り。夕食は、旬の素材に斬新なアレンジを加えた創作料理。

📞 0288-76-2211　📍 日光市鬼怒川温泉大原1060
💴 1泊2食付2万9700円〜
🅿 80台　ℹ 開業1991年／部屋数47室

 旅館／鬼怒川温泉

かご岩温泉旅館
かごいわおんせんりょかん

地図 p.93-C
新高徳駅からタクシーで5分。宿の送迎あり

鬼怒川温泉街から離れた静かな一軒宿。

📞 0288-76-2020　📍 日光市高徳51
💴 1泊2食付休前日1万5400円〜／平日1万3200円〜　🅿 30台
ℹ 開業1988年／部屋数10室／露天風呂あり

てくハイク

龍王峡

りゅうおうきょう

巨岩、奇岩がエメラルドグリーンの流れと調和して、見事な渓谷美を展開する鬼怒川きっての景勝地。渓畔をたどる自然研究路が整備され、滝や湿原など、変化に富む景観を楽しみながら散策できる。誰でも気軽に歩けるが、雨後は足元に注意が必要。また岩棚へ出るのは危険なので避けるように。

地図p.125-D

全長2.5km
総歩行時間 **1時間40分**
01 龍王峡駅
↓ 🚶10分
02 虹見橋
↓ 🚶40分
03 むささび橋
↓ 🚶45分
04 白岩半島展望台
↓ 🚶5分
05 🚏白岩

早春の龍王峡

虹見の滝（コース一番の名所）

龍王峡駅01を降り階段を上ると、龍王峡駐車場の広場に出る。食堂やみやげ物店が並んで賑やかだ。みやげ物店の間に鳥居があり、そこが**自然研究路**の出発点。急な石段を下って行くと、まず最初に**虹見の滝**が迎えてくれる。野沢が断崖を一気に鬼怒川に落ちている滝で、晴れていると虹がかかることからこの名前が付いたという。滝の背後を回って出る**虹見橋02**から望む鬼怒川は、翡翠色の豊かな水が流れ、白い岩肌とのコントラストが美しい。

橋から右岸と左岸のそれぞれに龍王峡自然研究路があり、ブナ、ハンノキ、ハリギリなど緑の中の散策ができる。初夏から秋口まではセミの声も賑やかで、カワセミ、キセキレイなど渓谷の野鳥の声とともに耳を傾けると、自然探訪の爽やかな気分も充実。この付近は5月頃だとヤシオツツジやヤマツツジが鮮やかなピンクやオレンジの花をさかせ、足元にはチゴユリの可憐な花も見られる。

緑の中を歩くのは気持ちがいい

モリアオガエルの生息する池

橋から15分ほどで池に出るが、周囲は湿地になっており、ミズバショウやザゼンソウなどの湿原植物が自生している。池にはサンショウウオやモリアオガエルが棲息し、初夏にはモリアオガエルの卵がいっぱい見られる。やがて**むささび橋03**となる。ここまでの渓谷が**白龍峡**といわれる流紋岩でできた前半部分だ。橋のたもとには東屋とむささび茶屋があり、湧き水を使ったコーヒーやお茶を飲める。トイレもある。ここから研究路を折り返すと50分で龍王峡駅に戻れる。

さらに上流へ左岸の研究路を行く。橋から100mくらい進むと詩人・堀口大学の文学碑があり、その付近から見下ろす**青龍峡**の美しさは白眉のものだ。ヤマブキやヤマツツジなどが自生して花が咲き競うほか、柱状節理、甌穴などの岩石による自然の造形とともに龍王峡のハイライトでもある。その先は兎はねなどがある**紫龍峡**となるが、自然研究路終点の分かれ道を右に折れると**白岩半島展望台04**に出る。やや急な登り坂を登ると**白岩05**バス停だ。

モリアオガエルのオタマジャクシ

豊かな水量で落下する
虹見の滝

龍王峡

周辺広域地図 P.93

1:50,000

0 500m

川治温泉へ

川治温泉へ

白岩半島展望台 04

5分

白岩 05

ここから帰るなら
白岩から鬼怒川温
泉駅行きバスで
14分、終点下車

紫龍峡

鬼怒川

121

白岩 GOAL

鬼怒川温泉方面へ
バスが出ている

45分

青龍峡

花が多く、岩石の造
形も見事。渓谷いち
ばんの見どころ

堀口大学
文学碑

むささび橋 03

トイレ、東屋がある
休憩ポイント

流紋岩の渓谷美が見事

沿道に湿地が広がる。ミズバショウ、サゼンソウが咲く

R むささび茶屋

40分

白龍橋

むささび橋で折り
返すと、駅から所
要1時間30分

右岸研究路

左岸研究路

もみじライン口

もみじライン

塩原温泉郷へ

野沢

虹見橋 02
虹見の滝
竜王神社

研右岸究路

りゅうおうきょう

01 龍王峡駅 START

急な石段。川へ
向かって下り

10分

竜王つり園

P

龍王峡ライン

野岩鉄道
会津鬼怒川線
（ほっとスパ・ライン）

R 旬菜蔵
せんや

ここへの行き方
→p.88参照

鬼怒川温泉へ

鬼怒川温泉へ

自然研究路沿いに咲く
ムラサキヤシオツツジ

ヤマツツジの花

龍王峡

食べる

湯波料理・そば／龍王峡

旬菜蔵せんや
しゅんさいぐらせんや

地図 p.101
龍王峡駅から🚶2分

　300年～180年前の農家の
古材を使用した店内は、天井
など黒く太い梁が走り、やわ
らかな照明と調和してモダン
な空間。県名産の湯波を気軽
に味わえる田舎ゆば膳1780
円や、主人が毎朝打つそばに
湯波を添えたゆばそば1100
円。豆乳あんみつ550円など
の甘味も。

📞 0288-77-0759
📍 日光市藤原1357
🕐 10:30～16:00
休 木曜（10月～11月は無休）
P 8台

川魚料理／龍王峡

竜王つり園
りゅうおうつりえん

地図 p.101
龍王峡駅から🚶3分

　イワナとニジマス釣りがで

き、その場で食べることもで
きる。竿、餌代込みのセット料
金でニジマス5尾まで3500円、
イワナ3尾3500円で楽しめ
る。釣り上げた魚にたっぷり
と粗塩を付け、串刺しにして
炭火でじっくり焼き上げ、味
わう楽しみも。2021年は臨時
休業。

📞 090-9685-6536
📍 日光市藤原竜王峡961-1
🕐 9:00～16:00
休 GWと夏休みのみの営業
P 30台

渓畔にある竜王神社

川治温泉

エリアの魅力

宿の充実度
★★★
温泉街の情緒
★★
自然散策
★★

泉質:
単純温泉

効能:
リウマチ、神経痛、運動器障害、婦人病、疲労回復など

江戸中期から親しまれてきたいで湯

1723 (亨保8) 年の、五十里湖決壊の折に発見されたという古くからの温泉場。男鹿川と鬼怒川の合流点に旅館が立ち並び、川辺には名物の共同浴場もある。アクセスはp.87を参照。

放水中の川治ダム

見る&歩く

五十里湖
いかりこ

地図p.103
川治温泉駅から日光市営バス8分、♀五十里ダムサイト下車すぐ

男鹿川をせき止めて造られたダム湖。1683 (天和3) 年の日光大地震でせき止め湖が出現したが消滅。1956 (昭和31) 年に、発電、灌漑、洪水調節のために五十里ダムが造られ、現在の人造湖が出現した。いかりとは、灌漑用の堰に設置した水門を意味する。Y字形の広大な湖は、新緑、紅葉と四季折々に美しく、釣りが楽しめる。

川治ダム
かわじだむ

地図p.103
川治温泉駅から日光市営バス🚌12分、♀川治ダムサイト下車すぐ

川治温泉の西方3kmにあるアーチ式コンクリートダム。高さ140mは、この方式のダムとしては、富山県黒部ダムの186mなどに続き国内第4位を誇る。放水時はかなりの迫力だ。ダムサイト近くの川治ダム資料館では、ダム周辺の地形模型、堰堤模型などを展示。食堂も併設している。

川治ダム資料館
📞 0288-78-0725
📍 日光市川治温泉川治293-3
🕐 9:30〜16:30 (入館は30分前まで)
🈳 無休 (11月〜3月は休館)
💴 入館無料　Ｐ 20台

五十里湖 P.102
五十里ダム

会津高原尾瀬口へ
湯西川温泉へ
五十里ダムサイト

徒歩8分

野岩鉄道会津鬼怒川線
（ほっとスパライン）
富栗山トンネル

八汐湖

川治ダム P.102

川治ダムサイト
M 川治ダム資料館

川治温泉川治

鬼怒川

男鹿川

藤原

日光市

121 川治湯元駅入口　川治温泉
東山閣前

星野リゾート 界 河治
R 和風らぁめんいかり P.103

坂聖
R.104 祝い宿寿庵
浅間山
かわじゆもと　サンマックスリゾート川治
P.104 豊隆館前
豊隆館

日味処鹿の子 P.104
川治温泉
川治橋

川治第四トンネル
N

川俣温泉へ

P.103 川治温泉薬師の湯
（混浴）

P.103 川治温泉薬師の湯
（男女別）

一柳閣本館

朝市

朝日屋 P.104

平方山

平方山自然遊歩道
子安社

川治温泉
1:18,000
0　　　　400m

周辺広域地図 P.123

P.104 湯けむりの里柏屋
黄金橋
新藤原へ

柏屋ホテル前
論談館
大下沢橋
あじさい公園

太鼓屋

鬼怒川温泉へ

TEKU TEKU RELAX

日帰り入浴施設
川治温泉薬師の湯

　男鹿川河畔にある川治温泉を代表する外湯。屋根付きで雨の日でも入れる昔ながらの混浴露天風呂のほかに、男女別の風呂、低温サウナ、貸切風呂なども揃っている。効能としては神経痛や関節痛、慢性胃腸病などにいい。とくに肌によく、美肌の湯とも知られる。

地図p.103
川治湯元駅から🚶10分
📞 0288-78-0229
📍 日光市川治温泉川治278-2
🕐 10:00〜21:00（受付けは30分前まで。休憩室は〜17:00。12/11〜3/31は14:00〜20:00）
🈺 水曜（祝日の場合は翌日）
¥ 入浴700円
　貸切50分4000円
🅿 30台

食べる＆買う

ラーメン／川治温泉

和風らぁめんいかり
わふうらぁめんいかり

地図p.103
川治湯元駅から🚶10分

　さっぱりしたスープが自慢の醤油らぁめん660円が味わえる店。人気は、豚ロース肉の唐揚げがのったロースらぁめん825円。おにぎりと漬物が付いたセット1045円もある。

📞 0288-78-0115
📍 日光市川治温泉川治22
🕐 11:00〜翌0:30
🈺 不定（月2回平日）
🅿 10台

朝日屋
あさひや

地図p.103
川治温泉駅から🚶15分

　創業1950年、現在3代目の主人が毎日仕込みをしている本格的な手打ちそば・うどんの店。せいろそば720円。この地方で一般に食べられている田舎そばとは異なる、白く細い江戸打ちの二八そばでほのかな甘味と香りが魅力。7月ころからは新そばが味わえる。

📞 0288-78-0109
📍 日光市川治温泉高原53-3
🕐 11:30〜16:00
休 不定　🅿 8台

甘味処鹿の子
かんみどころかのこ

地図p.103
川治湯元駅から🚶15分

　旧川治橋近くにあり、民芸調の外観の店内は凝ったデザインのインテリアやテーブルに置かれたランプなど、アンティーク・アイテムが大正ロマンの雰囲気をイメージしている。名物の抹茶風味くず流しは、バニラアイスのフロートに、上段がくず粉と抹茶、下段が白玉入りのつぶあんというオリジナルメニュー。ほかにも、クリーム白玉あんみつ、おしるこなど和風の甘味が充実している。フルーツたっぷりのあんみつのテイクアウトもOK。甘いのが苦手な人は、ブレンドコーヒーやいそべ巻などを。うどん、そばなどの食事も提供される。

📞 0288-78-0162
📍 日光市川治温泉川治22
🕐 11:00〜18:00
休 不定（月2回）　🅿 5台

泊まる

湯けむりの里柏屋
ゆけむりのさとかしわや

地図p.103
川治湯元駅から🚶15分

　大正末期に開業した老舗宿。露天風呂から渓流、山並み、鉄道がのぞめる。春はサツキ、シャクナゲ、サクラが咲き、秋は紅葉が庭園を配する本館と月見亭、新館の花見亭からなり、老舗の風格と現代的な快適さを備える。

📞 0288-78-0002
📍 日光市川治温泉高原62
¥ 1泊2食付1万6500円〜
🅿 30台
ℹ 開業1925年（1998年改装）／部屋数54室／露天風呂あり

その他の宿泊施設

登隆館 とうりゅうかん	📞0288-78-0006／地図：p.103／1泊2食付1万1000円〜 ●男鹿川を一望できる大浴場は、24時間入浴可能。食事は田舎風懐石膳。
祝い宿寿庵 いわいやどじゅあん	📞0288-78-1101／地図：p.103／1泊2食付1万8000円〜 ●竹林の中に巨石を配した露天風呂、赤インド砂岩を使った内湯がある。

奥鬼怒

エリアの旅のアドバイス

湯西川・川俣・奥鬼怒温泉郷へ

　鬼怒川本流と湯西川沿いに集落が点在する栗山地区は、平家の落人伝説が多い。渓谷沿いに宿が点在する川俣温泉、大規模な旅館が並ぶが、山人料理や渓谷に面した露天風呂など山の湯の風情をとどめる湯西川温泉、鬼怒川源流に点在し、徒歩でないと行けない奥鬼怒4湯など、秘湯色あふれる温泉が集まる。列車やバスだと宿へたどり着くまでひと苦労だが、それだけの価値がある湯ばかりだ。

 HINT

奥鬼怒への行き方

●湯西川温泉へ

　浅草から特急リバティ会津を利用、湯西川温泉駅でバスに乗り換えるのが早くて便利。リバティ会津は、会津若松や喜多方まで直通で行けるため人気。5月のGWや夏期、10～11月のシーズンは満席となるため、早めの予約を心掛けたい。湯西川温泉駅では5～10分程度の待ち時間で湯西川温泉行きのバスが連絡している。連絡するバスは湯西川温泉始発のほか鬼怒川温泉駅からの便もあるが、ともに観光シーズンでも座れることが多い。所要30分。

　浅草や新宿から特急きぬ、きぬがわを利用する場合は、終点の鬼怒川温泉駅から、湯西川温泉行きのバスに乗り換えとなる。浅草からリバティ会津を利用して、湯西川温泉駅でバスに乗り換える場合と比べてもほとんど所要時間が変わらない。また、鬼怒川温泉～

エリアの魅力

温泉
★★★★★
観光ポイント
★★
宿泊施設
★★★★★
ハイキング
★★★★
食べ歩き
★

観光・交通の問い合わせ先

日光市観光協会湯西川・川俣・奥鬼怒支部
♪0288-97-1177
東武鉄道お客さまセンター
♪03-5962-0102
日光交通バスダイヤル営業所
♪0288-77-2685
日光市営バス
♪0287-46-0011（しおや交通）

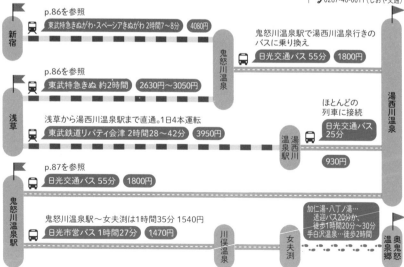

p.86を参照

東武特急きぬがわ・スペーシアきぬがわ 2時間7～8分 4080円

鬼怒川温泉駅で湯西川温泉行きのバスに乗り換え
日光交通バス 55分 1800円

p.86を参照

東武特急きぬ 約2時間 2630円～3050円

ほとんどの列車に接続
日光交通バス 25分

浅草から湯西川温泉駅まで直通。1日4本運転
東武鉄道リバティ会津 2時間28～42分 3950円

新宿
鬼怒川温泉
浅草
湯西川温泉駅
930円
湯西川温泉

p.87を参照

日光交通バス 55分 1800円

鬼怒川温泉駅～女夫渕は1時間35分 1540円
日光市営バス 1時間27分 1470円

加仁湯・八丁ノ湯…送迎バス20分か、徒歩1時間20～30分
手白沢温泉…徒歩2時間

鬼怒川温泉駅
川俣温泉
女夫渕
奥鬼怒温泉郷

湯西川温泉のバスはまるごと日光・鬼怒川、まるごと鬼怒川東武フリーパスも利用できる（p.120参照）。

●川俣温泉・奥鬼怒温泉郷へ

　浅草・新宿から鬼怒川温泉までは p.86 を参照。鬼怒川温泉駅前の1番乗り場（p.87参照）から日光市営バス鬼怒川温泉女夫渕線を利用する。各種フリーパスでは利用できないので注意。1日4便で、宿へ入るのに都合のいい時間帯のバスはうち3便。

　奥鬼怒温泉郷の八丁ノ湯（p.116）と加仁湯（p.117）へは、バスの終点の女夫渕から送迎バス（宿泊客のみ）が出ているので最終バスでも問題ない。手白澤温泉（p.118）へは送迎がなく徒歩が基本となるが、特別通行許可を有する川俣タクシーは利用することができる。歩くときは、明るい内に宿に着くためにも、女夫渕着11時50分のバスを利用するようにしたい。

HINT　　まわる順のヒント

　いずれも山の中の温泉で、温泉に泊まることが旅の最大の目的になるエリアだ。大きな観光施設はないが、湯を楽しみつつゆっくり宿で過ごすのがいちばん。周辺の史跡探勝や自然散策などを楽しむなら、時間にゆとりを持って予定を立てたい。

●湯西川温泉

　バス停から徒歩圏に平家ゆかりの史跡が集まっている。なかでも平家の里が見どころで、落人たちの生活が再現されている。合わせて散策しても半日弱あれば充分で、到着してから宿へはいる前や、翌日帰る前の散策に向いている。宿は規模の大きな旅館もあり、施設内に売店や飲食店などが充実しているところが多い。

●川俣温泉

　温泉街はなく、歩いていける範囲に見どころは少ない。宿で過ごすのがおすすめ。

●奥鬼怒温泉郷

　浅草を8時頃出る列車に乗れば、バスを乗り継いで12時頃女夫渕に着く。これぐらいの時間に到着するようにして、奥鬼怒自然研究路を歩いて宿へ向かうのがおすすめ。渓流沿いの遊歩道は整備され、子どもでも安全に歩ける。秋の紅葉の時期はとくに美しい。

　帰りは女夫渕9:50発のバスに合わせて、加仁湯、八丁ノ湯から女夫渕バス停へ9時頃に送迎車が出る。午後早い時間に東京方面へ帰るか、途中に鬼怒川温泉などに寄るならこのバスを利用することになる。時間に余裕があるなら、お昼過ぎのバスまで周辺を散策する予定を組むといい。

手白澤温泉露天風呂

道の駅湯西川

　湯西川温泉駅と直結。1階は地元の物産販売と、そばなどを味わえる食堂（10:30～15:00）、2階は源泉かけ流しの風呂と岩盤浴を備えた温泉入浴施設「湯の郷」。

　入浴510円、岩盤浴1560円（1時間、作務衣・バスタオル・フェイスタオル・ミネラルウォーター付き）。10:00～20:00（最終受付19:00）。第3火曜（4月～11月、祝日の場合は翌日）休。12月～3月不定休。
♪0288-78-1222
地図p.123-D

道の駅湯西川

日光交通バス

バスの車窓の見どころ

　女夫渕行き…沿線随一の景勝である瀬戸合峡は進行右手で、斜面を九十九折で登った高い位置から、深い谷が俯瞰できる。川俣大橋を渡ると、湖と川の流れは女夫渕まで左手に移る。このあたりの紅葉は10月中～下旬。

川俣の集落

エリアの旅のアドバイス

湯西川温泉

エリアの魅力

宿の充実度
★★★
秘湯度
★★
自然散策
★★

泉質:
単純温泉

効能:
神経痛、リウマチ、胃腸障害、疲労回復など

今に伝わる平家落人伝説

　1185年、壇ノ浦の戦いで敗れた平家は、各地へ逃げ延びた。湯西川温泉も平忠実一行が逃げてきて、再起をきしたという。村内には平家ゆかりの高房神社・湯殿山神社や、武士の証拠を隠すため鎧兜を埋めたという平家塚が残る。アクセスはp.107を参照。

見る

平家の里
へいけのさと

地図p.109-A
♀ 本家伴久旅館前から 🚶 6分

　湯西川に残る平家落人伝説をもとに、落人たちが営んだ山村での生活を忠実に再現している。敷地内は、自然庭園を中心に、9棟の萱葺き屋根の古民家を復元。各民家は、昔からの木杓子作りの実演や入道姿の平清盛や一ノ谷の戦いに出陣する平敦盛をジオラマ展示するなどしている。栃もちやきびもちなどが楽しめる餉の館、地元の農産物や木工品を売るよろず購どころもある。毎年6月上旬頃に行われる平家大祭では、平家絵巻行列や華やかな蘭陵王の舞などが見られる。

📞 0288-98-0126　♀ 日光市湯西川1042
🕐 8:30～17:00（12月～3月は9:00～16:30）
🈺 無休　💴 510円　🅿 40台

平家落人民俗資料館
へいけおちゅうどみんぞくしりょうかん

地図p.109-B
♀ 山城屋ホテル前から 🚶 1分

　集落の家々に、長い間眠っていた平家ゆかりの品々を展示。日本刀、平家の紋所揚羽蝶入りの鎧や兜、馬具、鎌倉時代初期の『平治物語絵巻』などさまざま。

📞 0288-98-0432　♀ 日光市湯西川620
🕐 8:00～16:00
🈺 不定　💴 500円　🅿 3台（市営Pも近い）

湯西川温泉

地図

- P.108 湯殿山神社
- 湯西川小・中
- P.108 湯西川白雲の宿
- 湯西川駅
- 平家落人民俗資料館 P.108
- 山城屋 P.111
- ホテル花と華前
- 湯西川支所
- P.108 高房神社
- 湯西川館
- ふる里本舗 P.110
- かまくら祭会場
- 湯西川温泉
- 山島屋 P.110
- 彩り湯かしき花と華 P.111
- P.108 平家塚
- 湯平橋
- 湯西川温泉
- 平家の里 P.108
- 本家伴久旅館前
- 平家の庄前
- ミニかまくら会場
- P.108 会津屋豆腐店
- 薬師の湯
- 丸湯商店 P.109
- 薬研の湯
- 湯羽 P.111
- 慈光寺
- P.109 志おや
- 本家伴久 P.111

湯西川温泉　1:13,500
0　300m

徒歩6分

周辺広域地図 P.123

食べる＆買う

そば／湯西川温泉

志おや
しおや

地図 p.109-B
本家伴久旅館前から 4分

　創業約80年の素朴なそば処。民家をそのまま店舗にしており、とてもくつろいだ雰囲気。黒くて太めの田舎そばは、もっそりとした食感で、つゆは辛め。平家そば1100円は、湯西川産の山菜やキノコなど地元ならではの山の幸がどっさり入った人気メニュー。そばそのものの香りと甘みを堪能できるそばがきは800円。

☎ 0288-98-0434
📍 日光市湯西川990-2
🕐 11:00〜売り切れじまい
休 不定　P 7台

豆腐／湯西川温泉

会津屋豆腐店
あいづやとうふてん

地図 p.109-B
本家伴久旅館前から 3分

　湯西川沿いに同じような古民家が並ぶ平家落人の里のうちの1軒。1946（昭和21）年の創業で、旅館などにも卸している。毎日、早朝から作られる木綿豆腐は、湯西川の湧水と厳選した大豆を使用。しっかりしていて懐かしい味わいだ。テイクアウトもできるが、店内でも味わえる。冬は炬燵で湯豆腐とお燗、夏は冷奴と冷酒と、季節に応じて楽しめる。サービスでおからや漬物が付く。

☎ 0288-98-0443
📍 日光市湯西川1003
🕐 10:00〜16:00
休 不定　P なし

地酒／湯西川温泉

丸湯商店
まるゆしょうてん

地図 p.109-B
平家の庄前からすぐ

　温泉街の中心にある、蔵造りをイメージした店構えが目印。会津の酒蔵で造られた、湯西川ゆかりの名前のついた酒が取り揃えてある。入荷するとすぐ売りきれてしまう人気の限定商品は、30年前に村おこし事業でブランド化され、蔵元の廃業で一旦途切れた銘柄が復活した純米吟醸「恋して候」、特別純米酒「湯西川　秘酒」、発泡性にごり酒「湯西川温泉雪化粧」「湯西川温泉郷」地酒仕込み「ゆずの酒」など。

☎ 0288-98-0005
📍 日光市湯西川721
🕐 9:00〜18:00（昼休みあり）
休 水曜　P 市営Pあり

湯西川温泉

ふる里本舗
ふるさとほんぽ

地図p.109-B
♀山城屋ホテル前からすぐ

湯西川のみやげの定番となっている平家最中の店。裏に平家家紋のアゲハチョウ、表にその家紋の描かれた幟を隠すために落人が使ったカタバミの葉の型が押されている。甘さ控えめの粒あんと、パリ

ッとした皮のコンビネーションがいい。1個84円。萱葺き民家の皮に甘露煮の栗が入ったくりやかたは158円。

♪ 0288-98-0103
♀ 日光市湯西川678-3
⏰ 9:00〜17:00
休 水曜(祝日は営業)
Ⓟ なし

山島屋
やましまや

地図p.109-B
♀平家の庄前から徒歩すぐ

民宿の1階にある食堂。そば、ラーメン、各種定食から郷土料理までいろいろと揃っていて、いずれも手ごろな値段で味わえる。ボリュームもあり、ちょっとした腹ごしらえに重宝な店だ。ざるそば700円、平家手打ちそば900円、平家定食2100円など。ぜんまい、みずななど地の山菜小皿が300円〜。また変わったものでは鹿の刺身1000円、岩魚骨酒1500円、熊鍋(3000円〜)などもある。併設して地場産品豊富なみやげ物コーナーもある。

♪ 0288-98-0431
♀ 日光市湯西川721-3
⏰ 11:00〜20:00(ショップは8:00〜)
休 無休 Ⓟ 6台

TEKU TEKU RELAX

日帰り入浴施設 湯西川水の郷

湯西川ダムが建設されるところに造られた、地域の観光スポット。源泉かけ流しの大浴場、露天風呂、休憩室、飲食や物産販売コーナーなどがある。

地図p.123-D
♀水の郷観光センター前からすぐ
♪ 0288-98-0260
♀ 日光市湯西川473-1
⏰ 9:00〜19:00(12月〜4月は10:00〜18:00)。受け付け1時間前まで
💰 入浴700円
休 水曜(夏期無休)
Ⓟ 50台

TEKU TEKU COLUMN

湯西川温泉かまくら祭り

冬の観光を盛り上げる行事として定着。かまくらの中で平家鍋(2800円〜)を味わったり、甘酒のサービスもある。夕暮れとともにライトアップされた風景は幻想的。沢口河川敷などに並ぶ多数のミニかまくらにも灯がともり、冬の雪国の風情を楽しめる。

⏰ 1月下旬〜3月上旬
休 水・木曜休
💰 1日利用券510円
日光市観光協会湯西川・川俣・奥鬼怒支部 ♪ 0288-22-1177

お狩場焼き

湯西川地区に落ち延びた平家の残党が、河原で食したという石焼料理が原点の郷土料理。焼けた石の上に味噌で土手を築き、その内側にその日の狩猟で得た熊や鹿の肉、川魚、山菜、キノコなどを置いて焼きあげる、野趣あふれた料理は湯西川温泉の名物。旅館彩り湯かしき花と華(p.111参照)は、もと味噌屋で、自家製の味噌を使ったお狩場焼きやニジマスの自家製味噌漬けが自慢。

泊まる

本家伴久
ほんけばんきゅう

地図 p.109-B
♀本家伴久旅館前からすぐ

銘木、古木など木の風合いを生かし、部屋ごとに意匠をこらした建物が自慢。囲炉裏を囲み、川魚や鹿肉、地元名物「一升べら」などを焼きながら味わう夕食や、新緑から冬の氷瀑まで四季折々に楽しめる湯西川河畔の露天風呂の眺めなどが評判。

📞 0288-98-0011
📍 日光市湯西川749
💴 1泊2食付2万1450円～
🅿 50台
ℹ 開業1666年（1972年改装）／部屋数43室／露天風呂あり

湯西川白雲の宿 山城屋
ゆにしかわはくうんのやどやましろや

地図 p.109-B
♀山城屋ホテル前からすぐ

客室はもちろん、渓流沿い

にある2つの露天風呂と3つの貸切露天風呂が自慢。料理は古の平家鷹狩料理。地元の山菜、キノコ、鹿肉、山鳥、川魚などを鍋仕立てや炉端焼きでいただく。

📞 0288-98-0311
📍 日光市湯西川715
💴 1泊2食平日1万120円～／休前日1万4520円～
🅿 30台
ℹ 開業1950年（改築2000年）／部屋数32室／露天風呂あり

彩り湯かしき花と華
いろどりゆかしきはなとはな

地図 p.109-B
♀ホテル花と華前からすぐ

渓谷に面した大浴場、檜風呂、露天風呂、岩風呂、貸切の滝見風呂などがある。夕食は自家製味噌で味わう平家お狩場焼、湯西川平家懐石、鉄板焼会席から選択できる。

📞 0288-98-0321
📍 日光市湯西川601
💴 1泊2食付2万2000円～
🅿 60台
ℹ 開業1962年（1990年改装）／部屋数76室／露天風呂あり

上屋敷平の高房
かみやしきたいらのたかふさ

地図 p.123-D
♀湯西川温泉から🚌20分。宿の送迎あり

大露天風呂、岩風呂、大浴場、貸切露天風呂がある。夕食は囲炉裏端で川魚や山の幸などを炭火で焼く囲炉裏会席料理。

📞 0288-98-0336
📍 日光市湯西川1483
💴 1泊2食付1万4850円～
🅿 20台
ℹ 開業1962年（1990年改装）／部屋数18室／露天風呂あり

平家の庄
へいけのしょう

地図 p.109-B
♀平家の庄前からすぐ

夕食は囲炉裏端で味わう平家陣笠料理。自家製味噌に山椒の芽や鳥の肉と骨をすりこんだ特製味噌べら、ばんだい餅など郷土色あふれる料理。

📞 0288-98-0031
📍 日光市湯西川727
💴 1泊2食付7700円～
🅿 50台
ℹ 開業1952年（1996年改装）／部屋数50室／露天風呂あり

湯西川温泉

川俣温泉

エリアの魅力

宿の充実度
★★★

秘湯度
★★

自然散策
★★

泉質:
弱アルカリ性単純温泉

効能:
リウマチ、糖尿病、胃腸病、婦人病、痛風など

絶壁が続く瀬戸合峡

山あいの静かな秘湯

鬼怒川の上流部の渓流に沿って展開する秘湯。自然に恵まれ、山の湯でのんびりとくつろぐことができる。熊肉や鹿肉などの郷土料理も楽しみだ。アクセスはp.106を参照。

見る＆歩く

川俣湖

かわまたこ

地図 p.124-B
♀川俣大橋からすぐ

鬼怒川をアーチ式ダムでせき止めた人造湖。山あいの緑の中に静かに水をたたえ、湖底には平家落人の集落がねむる。新緑や雪景色など四季を通じて目を楽しませてくれるが、紅葉の季節はとりわけ見事で、湖畔一帯が真っ赤に染まる。イワナ、ニジマス、コイなどが生息し、4月から10月のシーズンには多くの釣り人が訪れる。

瀬戸合峡

せとあいきょう

地図 p.124-B
♀川俣平家塚から瀬戸合見晴休憩舎まで🚶10分

川俣ダム直下から野門橋まで展開する鬼怒川の渓谷で、100mを超す絶壁に挟まれた谷が約2kmに渡って続く。渓流そのものは谷が深いため望めないが、県道の旧道を歩くと谷の中を歩いているような雰囲気が味わえる。断崖にアカマツやウルシ、カエデなどが自生し、10月頃には鮮やかな紅葉が見られる。瀬戸合見晴休憩舎からは直下に川俣ダムのアーチを望め、谷にかかる吊り橋も眺望できる。

吊り橋は立入禁止

日帰り入浴施設
上人一休の湯

　川俣湖を見下ろす高台に立つ。湯がやわらかく肌がツルツルするので別名「美人の湯」ともいわれている。露天風呂もある。

地図p.124-B
♀川俣湖温泉民宿村から
🚶3分
📞0288-96-0008
📍日光市川俣740
🕙10:00〜19:00（最終受付18:00）
休12月〜3月
¥入浴700円　P20台

食べる＆買う

またぎの里
またぎのさと

地図p.124-B
♀またぎの里からすぐ

　主人自らが仕留めた熊肉や鹿肉を料理する、野趣あふれる店。くまラーメン1000円、かもラーメン800円、山幸ラーメン700円など珍しいメニューが並ぶ。鹿肉は淡泊で熊肉はやや濃厚だが、意外とクセがなくおいしい。熊どん1200円、鹿どん1000円、か

も重900円ほか、いわなの塩焼き定食1500円などがおすすめ。店の前に湧き出る山の水でのどを潤すのもいい。

📞0288-96-0353
📍日光市川俣558
🕙8:00〜17:00
休不定　P30台

地場産品／川俣温泉
栗山ふるさと物産センター
くりやまふるさとぶっさんせんたー

地図p.125-C
♀青柳事庫前からすぐ

　栗山村の地場産品を揃えており、みやげ品のほか店で郷土の味を楽しむこともできる。店先で炭火焼きしている名物のばんだい餅1串2個で200円は、地元の大豆で手作りした味噌を使用した甘辛いタレが香ばしく、いい味をだしていて人気。地粉100％の手打ちそば730円〜も好評。みやげでは、蜂蜜で煮た花豆(320g、時価)などの地物が人気。

📞0288-97-1870
📍日光市日蔭596-2
🕙9:00〜16:00
休水・木曜(祝日は営業。10月は無休。12月〜3月は休業)
P20台

泊まる

旅館／平家平温泉
御宿こまゆみの里
おんやどこまゆみのさと

地図p.124-A
♀平家平温泉からすぐ

　渓流を見下ろす露天風呂のトチの大木をくりぬいた風呂では、秘湯気分を満喫。

📞0288-96-0321
📍日光市川俣646-1
¥1泊2食付休前日1万1150円〜／平日1万1150円〜
P30台
ℹ開業1984年／部屋数13室(離れ3)／露天風呂あり

旅館／川俣温泉
川俣一柳閣
かわまちいちりゅうかく

地図p.124-A
♀一柳閣前からすぐ

　鬼怒川源流の渓谷際に建ち全客室、露天風呂も渓流際。源泉が2本あり、掛け流し。

📞0288-96-0111
📍日光市川俣40-3
¥※2021年5月現在休館中
P35台
ℹ開業1957年(1997年増築)／部屋数42室／露天風呂あり

てくハイク

山上の鬼怒沼へ

さんじょうのきぬまへ

女夫渕から奥鬼怒温泉郷をへて、鬼怒沼へ至る健脚向きのコース。しっかりした山歩きの装備が必要。往復で結構時間がかかるので、下山後は宿にもう一泊するくらいの余裕あるプランを組みたい。上部の針葉樹林帯では5〜6月でも残雪があり、道がわかりにくくなっていることもあるので要注意だ。

地図p.123-C

全長 **14km**	
総歩行時間 **5時間45分**	
01	女夫渕
↓ 🚶 1時間	
02	八丁ノ湯
↓ 🚶 30分	
03	加仁湯
↓ 🚶 1時間	
04	オロオソロシノ滝観瀑台
↓ 🚶 1時間30分	
05	鬼怒沼
↓ 🚶 1時間45分	
03	加仁湯

鬼怒沼への標識

 女夫渕から加仁湯

バスの終点**女夫渕 01**から道なりに進み奥鬼怒温泉郷への入口になる吊り橋を渡り、緑に包まれた奥鬼怒歩道を歩く。はじめアップダウンがあり少し汗をかくが、歩くこと1時間ほどで**八丁ノ湯 02**に着く。さらにゆるい上りを30分ほどで**加仁湯 03**だ。

 日本最高所の湿原鬼怒沼

鬼怒沼までの往復コースは少々きついので、加仁湯または八丁ノ湯、日光沢温泉に宿をとり、翌日1日を費やして歩くのがいい。加仁湯の宿をでて頭上に大きな鉄橋を見ながら行くと橋を渡って丸沼分岐に出る。

ヒナタオソロシ、オロオソロシノ滝それぞれの観瀑台への道はここで分かれ、両方

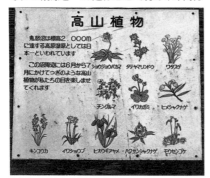

鬼怒沼に咲く高山植物の案内

とも険しい山道を登って到着する。変わった名前の2本の滝は、鬼怒川本流をはさんで互いに向かい合って流れ落ちていることから、日向、日陰（方言でオロ）と言い慣らわされてきた。

オロオソロシノ滝には、山の大木をも流し落すほどの恐ろしい滝という謂がある。またヒナタオソロシの滝は、鬼怒沼に住んでいた美しい姫君が絹の布を織り、それが流れにのって滝になったとも伝える。400mの高低差をほっそりと流れ落ちるさまに、恐ろしい暴れ滝のイメージはない。

行程の3分の2近くが急坂の登りということもあって息があがりそうになるが、上のほうはやや平らな針葉樹林帯で、コメツガやシラビソなどが丈高い林冠を形成している。途中にある**オロオソロシノ滝 04**の観瀑台は、渓谷越しの美しい眺めが添えられたいい休憩ポイントだ。

たどり着いた**鬼怒沼 05**は標高2020mで貴重な高層湿原。鬼怒川の水源にもなっている。大小48あまりの散在する池塘群があり、木道沿いに一巡りできるようになっている。初夏から夏にかけてはチングルマ、ワタスゲ、イワカガミなどの花が見られ、秋は草紅葉が一面をおおう。

もの言わぬ水面に伝説を
秘める鬼怒沼

八丁ノ湯への途中に
現れるコザ池ノ滝

鬼怒沼山
2141

栃木県
日光市

奥鬼怒自然研究路

コザ池ノ滝

カッタテノ滝

1時間

女夫渕
START 01 川治温泉へ
女夫渕

ウスクボ平

奥鬼怒林道
(一般車通行禁止)

鬼怒沼湿原
05 鬼怒沼 P.114

日光国立公園

鬼怒滝 (P.116 八丁ノ湯)

八丁ノ湯 02

鬼怒川

日光国立公園
奥鬼怒温泉郷

ここへの行き方
鬼怒川温泉駅か
ら女夫渕行きバ
ス1時間35分、
終点下車

オロオソロシノ滝
観瀑台

日光沢ノ滝

1時間

03 加仁湯
加仁湯 P.117
GOAL

1時間30分

04

ヒナタオソロシノ滝

日光沢温泉

45分

丸沼分岐

手白澤温泉
手白澤温泉 P.118

手白山
▲1849

一里沢

ハイキングコース

根名草沢

オロオソロシノ滝

オロオソロシ沢

丸沼へ

新助沢

湯沢噴泉塔

湯沢

N

0   1:50,000   1km

周辺広域地図 P.124-125

対岸の原生林の中を落ちるオロオソロシノ滝

ショウジョウバカマ

奥鬼怒への入り口にかかる絹姫橋

115

豊かな源泉と滝横の露天風呂が自慢

八丁ノ湯

はっちょうのゆ

アクセス

東武鬼怒川線鬼怒川温泉駅から日光市営交通バス女夫渕行きで1時間35分、終点下車。そこから🚶1時間10分。送迎バスは20分。

温泉データ

<泉質>単純温泉
<効能>皮膚病、外傷、リウマチ、神経痛など

宿データ

📞0288-96-0306　地図p.115
1泊2食付本館1万5400円・ログハウス1万7050円　日帰り入浴800円　🅿なし　📍日光市川俣876

　ログハウスにやさしい灯がともる、かつてはランプの宿といわれた奥鬼怒最古の温泉宿。開湯は1716～36年といわれる。敷地の裏からわき出る源泉の数は8本あり、引き湯なしで各風呂をまかなっている。

　目玉は湯滝を見ながら入れる滝見の湯。ほかにしゃくなげが咲く石楠花の湯など、小さいが個性的な露天風呂4湯が揃う。宿の裏手から山道をたどって、ハイキングもできる。

1水しぶきがかかりそうな滝見の湯　**2**カナディアンな外観が周囲にとけこむ　**3**山菜は採れたてを新鮮なうちに調理　**4**半露天ともいえる爽やかな内湯　**5**正方形の石楠花の湯

山男が集った名物囲炉裏も

加仁湯

かにゆ

アクセス	温泉データ	宿データ
東武鬼怒川線鬼怒川温泉駅から日光市営バス女夫渕行きで1時間35分、終点下車。そこから🚶1時間20分。送迎バスは20分。	<泉質>含硫黄・ナトリウム・塩化物・炭酸水素塩温泉 <効能>皮膚病、創傷、糖尿病、リウマチ、神経痛など	☎0288-96-0311 地図p.115　1泊2食付1万1260円〜　日帰り入浴800円 Ｐなし　♦日光市川俣871

　奥鬼怒温泉郷の中でも中核をなす大規模な温泉宿。かつては登山者に利用される温泉だったが、増築を重ね、現在は送迎バスも運行し、老若男女を問わず年間を通じて訪れる温泉愛好家の訪れる宿だ。

　泉質の異なる5本の源泉を持っており、客室付きのユニットバスを除きすべて源泉かけ流し、加熱も加水もしていない。大露天風呂や升目に仕切られ貸切入浴できるロマン風呂、大きな石をくり抜いて作った通称カモシカの湯など、ぜひ入ってみたい。

■1女性専用の第1野天風呂
■2貸切できるロマン風呂はプライベートな雰囲気　■3堂々とした本陣風の玄関だ　■4名物の囲炉裏の部屋　■5とろけるような舌触りの熊刺し

奥鬼怒温泉郷

時間を忘れる静謐な環境

手白澤温泉
てしろさわおんせん

アクセス
東武鬼怒川線鬼怒川温泉駅から日光市営バス女夫渕行きで1時間35分、終点下車。そこから🚶約2時間30分。または川俣タクシーで20分。

温泉データ
＜泉質＞硫黄泉
＜効能＞神経痛、筋肉痛、関節痛、五十肩、運動麻痺、打ち身、慢性胃腸病、痔、冷え性など

宿データ
📞0288-96-0156　地図p.115
1泊2食付1万5500円～（一部屋利用の人数、時期により変わる。要問合せ）🅿なし
📍日光市川俣870-2

　標高1500mに位置する奥鬼怒温泉郷最高所の温泉宿。加仁湯から40分ほどの山道歩きで一汗かいたら、天然の岩風呂につかってさっぱりとリフレッシュできる。男女別の露天風呂からは、晴れていれば荒々しい大割山の山肌を正面に望む抜群の眺望が満喫でき、秘湯感たっぷりだ。

　ウッディな食堂には古風な薪のストーブがあり、食後の談話などを楽しめる。壁にカンジキなどの古い山道具が掛けられていて、山の会話も弾みそう。

　山深いところにあるが、今では通年営業している。

＊マイカーでの来湯はできない

1宿の外観 2ストーブを囲んで見知らぬ同士で会話も弾みそう 3奥鬼怒温泉郷で、最高所の露天風呂 4鳥のさえずりも間近な開放的な内湯 5館内の所々にある藍染の粋な小道具たち

旅の準備のアドバイス

 HINT

日光・戦場ヶ原・鬼怒川温泉・奥鬼怒への行き方

東京・横浜を基点とし、日光・鬼怒川方面へ公共交通機関を利用して
出かける場合は、JR線か東武鉄道を利用する。到着駅はJR日光駅
よりも、圧倒的に東武日光駅の方が便利だ。

日光へ / 浅草から	浅草駅→東武日光駅	東武特急「けごん・リバティけごん」 ⏱1時間46〜58分 ¥2440円〜2860円(指定席)、3150〜3770円(個室) ♪東武鉄道お客さまセンター03-5962-0102 ●北千住・春日部・栃木などに停車
北千住から	北千住駅→東武日光駅	半蔵門線急行+東武線急行 ⏱2時間1〜35分 ¥1390円 ♪東武鉄道お客さまセンター03-5962-0102 ●日光までの直通はなく南栗橋で急行に乗り継ぐ。午前4本のみ
新宿から	新宿駅→東武日光駅	JR〜東武線直通「日光」 ⏱1時間58分 ¥4080円(指定席)、6630円(個室) ♪東武鉄道お客さまセンター03-5962-0102 ●JR内の主要ターミナル、新宿・池袋・浦和・大宮に停車する
東京から	東京駅→JR日光駅	新幹線やまびこ・なすの+JR日光線普通 ⏱1時間41分〜2時間15分 ¥5680円(指定席) ♪JR東日本お問い合わせセンター050-2016-1600 ●宇都宮でJR日光線に乗り換え
鬼怒川温泉へ / 浅草から	浅草駅→鬼怒川温泉駅	東武特急「きぬ・リバティ会津」 ⏱1時間59分〜2時間11分 ¥2630円〜3050円(指定席)、3150〜3770円(個室) ♪東武鉄道お客さまセンター03-5962-0102 ●北千住・春日部・栃木などに停車
北千住から	北千住駅→鬼怒川温泉駅	半蔵門線急行+東武線急行+快速・普通 ⏱2時間19〜49分 ¥1390円 ♪東武鉄道お客さまセンター03-5962-0102 ●南栗橋で急行、下今市で普通・快速に乗り継ぐ。午前4本のみ
新宿から	新宿駅→鬼怒川温泉駅	JR〜東武線直通「スペーシアきぬがわ・きぬがわ」 ⏱2時間7〜8分 ¥4080円(指定席)、6300円(個室) ♪東武鉄道お客さまセンター03-5962-0102 ●JR内の主要ターミナル、池袋・浦和・大宮に停車する

東武日光駅

鬼怒川温泉駅

アクセスの主流は
東武鉄道利用

東武鉄道の各種フリーパス

東京方面から日光・鬼怒川へのアクセスには、東武鉄道が便利だ。往復の東武鉄道の運賃（特急料金は含まない）に、現地の東武鉄道や東武バスが乗り降り自由のエリアをセットしたフリーパスまるごとシリーズが3種類発売されている。これ以外にも、春〜秋限定のプレミアム日光・鬼怒川 東武フリーパスもある。

注意したいのは、自分の行き先と切符の名称が一致するからと買ってしまうと、旅程によっては思わぬ損をすることがある。そこで、p.121に切符と旅程を比べた損得についてまとめた。あわてて買う前に確認したい。

なお東武フリーパスは、東武浅草駅をはじめ、東武鉄道沿線の主な駅の窓口及び東武トップツアーズ各店舗、このほか主な旅行会社でも扱っているが、東武鉄道の特急・急行券自体を扱っていないところもあるので注意したい。

東武フリーパスの問い合わせ先

東武鉄道お客さまセンター
♪03-5962-0102
8:30〜19:00

東武鉄道の各種フリーパスを賢く活用しよう

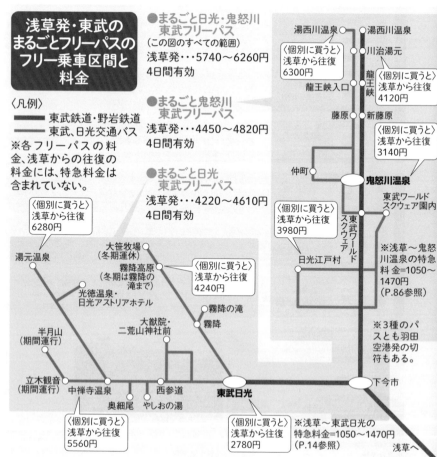

浅草発・東武の まるごとフリーパスの フリー乗車区間と 料金

〈凡例〉
━━━ 東武鉄道・野岩鉄道
─── 東武、日光交通バス
※各フリーパスの料金、浅草からの往復の料金には、特急料金は含まれていない。

●まるごと日光・鬼怒川 東武フリーパス
（この図のすべての範囲）
浅草発…5740〜6260円
4日間有効

●まるごと鬼怒川 東武フリーパス
浅草発…4450〜4820円
4日間有効

●まるごと日光 東武フリーパス
浅草発…4220〜4610円
4日間有効

湯西川温泉　湯西川温泉
〈個別に買うと〉浅草から往復 6300円
川治湯元
龍王峡入口　龍王峡
〈個別に買うと〉浅草から往復 4120円
藤原　新藤原
〈個別に買うと〉浅草から往復 3140円
仲町
鬼怒川温泉
東武ワールドスクウェア園内
〈個別に買うと〉浅草から往復 3980円
日光江戸村
東武ワールドスクウェア

※浅草〜鬼怒川温泉の特急料金=1050〜1470円（P.86参照）

※3種のパスとも羽田空港発の切符もある。

〈個別に買うと〉浅草から往復 6280円
湯元温泉
大笹牧場（冬期運休）
霧降高原（冬期は霧降の滝まで）
〈個別に買うと〉浅草から往復 4240円
光徳温泉・日光アストリアホテル
霧降の滝
大猷院・二荒山神社前　霧降
半月山（期間運行）
立木観音（期間運行）
中禅寺温泉　奥細尾　西参道　やしおの湯　東武日光
〈個別に買うと〉浅草から往復 5560円
〈個別に買うと〉浅草から往復 2780円
※浅草〜東武日光の特急料金=1050〜1470円（P.14参照）
下今市
浅草へ

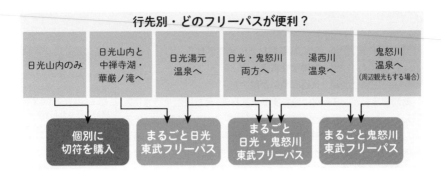

行先別・どのフリーパスが便利？

日光山内のみ	日光山内と中禅寺湖・華厳ノ滝へ	日光湯元温泉へ	日光・鬼怒川両方へ	湯西川温泉へ	鬼怒川温泉へ（周辺観光もする場合）

個別に切符を購入 ／ まるごと日光東武フリーパス ／ まるごと日光・鬼怒川東武フリーパス ／ まるごと鬼怒川東武フリーパス

まるごと日光東武フリーパス

日光山内だけ巡る旅では損
華厳ノ滝方面から先へ行く場合に

　まるごと日光東武フリーパスは、浅草からの比較で中禅寺温泉までの電車・バス代の往復分より1340〜950円程度安い。日光山内と門前町を散策するだけの旅行だと、切符の乗り降り自由の区間のうち東武線下今市〜東武日光、東武バスの東武日光〜西参道の往復分しか使わないことになり、個別に料金を支払うよりも1120〜1510円ほど割高になる。

　日光山内に加え、中禅寺温泉や華厳ノ滝を組み合わせて回れば、フリーパスの方が個別に払った場合より割安。途中下車したり、ノ
リーパスに付く周辺観光施設の割引を活用する旅なら、おトク。

まるごと鬼怒川東武フリーパス

鬼怒川温泉までの往復プラス
テーマパーク数カ所で元が取れる

　まるごと鬼怒川東武フリーパスの値段は、浅草〜鬼怒川温泉の東武鉄道の往復運賃より1310〜1680円高い。鬼怒川温泉までの往復プラス、テーマパーク数カ所にバスで立ち寄って、何とか交通費の元が取れるぐらいだ。

　鬼怒川温泉に到着後は宿に直行し、翌日も観光せずに帰るというような場合、フリーパスを利用するよりも個別に交通費を支払う方が割安といえる。湯西川温泉まで行くなら1480〜1850円おトク。

まるごと日光・鬼怒川東武フリーパス

日光も、鬼怒川も
両地区を広く周遊する旅に

　上記2つのフリーパスのエリアはほぼカバーしていて、周遊の旅なら割安。中禅寺湖周辺から日光湯元温泉まで足をのばして1泊、翌日は鬼怒川温泉へ行くなど、フル活用したい。また湯西川温泉へ行く場合、普通に買う場合の交通費とこの切符の値段はほぼ同じ。鬼怒川温泉駅発の湯西川温泉行きバスも利用できる。

東武フリーパスの主な特典

・小杉放菴記念日光美術館
・東武ワールドスクウェア
・日光江戸村
・おさるの山ロープウェイ
・鬼怒川公園岩風呂
・川治温泉岩風呂薬師の湯
・日光自然博物館
・明智平ロープウェイ
・中禅寺湖クルージング
・鬼怒川ライン下り
・低公害バス
・指定店のみやげ物10％引（日・鬼）
・指定の食事処などでコーヒーなどの無料サービス（日・鬼）

主な特典の（鬼）＝まるごと鬼怒川東武フリーパス、（日）＝まるごと日光東武フリーパスで有効。まるごと日光・鬼怒川東武フリーパスは上記すべての特典が使える。

旅の準備のアドバイス

121

JR～東武直通列車用の切符

JR・東武 日光・鬼怒川 往復きっぷ

GW、紅葉期などに発売される、お得な往復きっぷ　大幅な割引が魅力だ

期間限定だが、JR各駅に発着する東武日光・鬼怒川温泉行き特急「日光」「きぬがわ」「スペーシアきぬがわ」「スペーシア日光（不定期）」の普通車指定席が往復利用できる。利用駅は東京都区内、横浜市内、大宮～川口・戸田公園、八王子～立川、千葉、大船の各駅。料金の一例として、東京都区内発着6800円・横浜発着7120円など、1100円～最大3500円以上もお得になる。紅葉から年末年始、GWのシーズンにはぜひ利用したい。

切符の主な発売先

首都圏のJRの主な駅、東武トップツアーズなど、主な旅行会社で発売。随時こうした「往復きっぷ」は発売されているが、使用可能日、区間など諸条件は要確認。

問い合わせ先

東武鉄道お客さまセンター・♪03-5962-0102

インターネットで宿泊予約

●楽天トラベル
（らくてんトラベル）
https://travel.rakuten.co.jp/
国内最大総合旅行のサイト。現在全国各地のおよそ26600軒のホテル・旅館の予約が可能。

●一休.com
（いっきゅうドットコム）
https://www.ikyu.com/
高級ホテル・旅館などの割安プランも扱っている予約サイト。予約ランキングもあり、参考になる。

●じゃらんnet
https://www.jalan.net/
リクルートが運営する旅行ポータルサイト。全国各地の宿がオンライン予約できる国内最大級のサイト。

●電車の旅
https://www.tobu.co.jp/odekake
東武鉄道沿線の総合おでかけガイド。日光、鬼怒川温泉などの旅情報や、旅プランが満載。

TEKU TEKU COLUMN

交通機関との宿泊セットもおすすめ

旅行会社が販売する往復交通費と宿泊プランのパッケージ商品もおすすめ。東武トップツアーズの旅行プランにはいろいろあり、たとえば、時期限定の「スペーシアの個室で行こう」プランでは、WEB予約限定ながら個室片道分が無料になるなど、WEB限定のお得な企画がいっぱい。じっくり探してみよう。

鬼怒川温泉へはリムジンバスが便利

東京駅八重洲南口7:50発の1便、所要3時間25分、2500円。下今市駅、東武日光駅、東武ワールドスクエアを経由して鬼怒川温泉駅着。詳細は東北急行バス♪03-3529-0321。2021年5月現在新型コロナウイルスの影響で運休中。

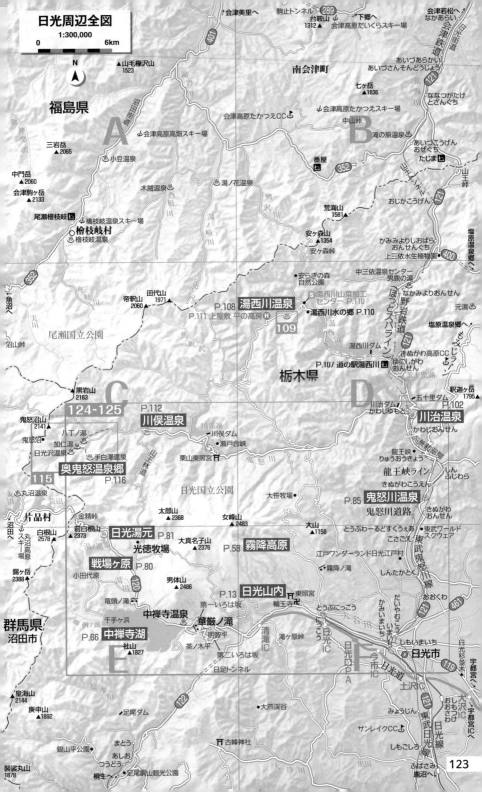

日光周辺全図

1:300,000

0　　　　6km

N

福島県

山毛欅沢山
1523

南会津町

駒止トンネル　289
台鞍山　下郷へ
1312▲　会津高原だいくら スキー場

会津若松
なかあらい

会津美里へ

会津鉄道

あいづあらかい
あいづさんそんどうじょう

三岩岳
▲2065

中門岳
▲2060

会津駒ヶ岳
▲2133

小豆温泉

会津高原高畑スキー場

会津高原たかつえCC

会津高原たかつえスキー場

七ヶ岳
▲1636

中山峠

あいづこうげん
おぜぐち
たじまへ

滝の原温泉郷

121

あいづこうげん

山王峠

おじかこうげん

塩原温泉郷へ

木賊温泉

湯ノ花温泉

352

番屋

荒海山
1581

尾瀬檜枝岐

檜枝岐村

檜枝岐温泉スキー場

檜枝岐温泉

安ヶ森山
▲1354

安ヶ森峠

かみみよりしおばら
おんせんぐち
上三依水生植物園

400

ぼっ
く
ス
パ
ラ
イ
ン

中三依温泉センター
男鹿の湯

なかみよりおんせん

野
岩
鉄
道

元湯

A

B

魚沼へ

352

尾瀬国立公園

沼山峠

帝釈山
2060

田代山
1971

安らぎの森
自然公園

P.108　湯西川温泉

P.111 止屋敷 平の高房 H

109

湯西川山山菜加工
センター P.110

●湯西川水の郷 P.110

塩原温泉郷へ

121

きぬがわ高原CC

ゆにしがわ
おんせん

釈迦ヶ岳
1795▲

P.102

栃木県

湯西川ダム

P.107 道の駅湯西川

黒岩山
2163

鬼怒沼山
2141

鬼怒沼

加仁湯

日光沢温泉

八丁ノ湯

124-125

115

丸沼温泉

片品村

P.112
川俣温泉

手白澤温泉

奥鬼怒温泉郷
P.116

金精峠

前白根山
▲2373

日光湯元
P.81

光徳牧場

戦場ヶ原　P.80

小田代原

C

川俣ダム

川俣東照宮

瀬戸合峡

栗山東照宮

D

川治ダム
かわじゆもと

五十里ダム

川治温泉

かわじおんせん

龍王峡
りゅうおうきょう

龍王峡ライン

きぬがわこうえん

しん
ふじわら

日光国立公園

太郎山
▲2368

女峰山
▲2483

大笹牧場

大山
1158

鬼怒川温泉

鬼怒川道路

きぬがわ
おんせん

P.85

P.58
霧降高原

とうぶわーるどすくうぇあ

こさごえ

江戸ワンダーランド日光江戸村

霧降ノ滝

大真名子山
▲2376

男体山
▲2486

東武ワールド
スクウェア

東
武
鬼
怒
川
線

おおくわ

461

121

白根山
2578▲

丸沼
高原
スキー
場

錫ヶ岳
2388▲

沼田
へ

竜頭ノ滝

120

中禅寺温泉

華厳ノ滝

P.13
日光山内

東照宮

輪王寺

とうぶにっこう

P.66　中禅寺湖

明智平

清滝

滝ヶ原峠

群馬県
沼田市

千手ヶ浜

社山
▲1827

E

茶ノ木平

第一いろは坂

第二いろは坂

日光トンネル

日足トンネル

日光IC

清滝IC

かみいまいち

しんたかとく

だいやむら

いまいち

日光
IC

しもいまいち

F

日光道

今市IC

土沢IC

日光市

119

宇都宮
へ

皇海山
2144

庚申山
▲1892

足尾ダム

大芦渓谷

サンレイクCC

みょうじん

おもちゃのまち

下小代

東
武
日
光
線

東武日光線

袈裟丸山
1878

桐生へ

銀山平公園

まとう
あしお
つうどう

足尾銅山観光公園

古峰神社

黒川

ふばさみ
鹿沼へ

123

122

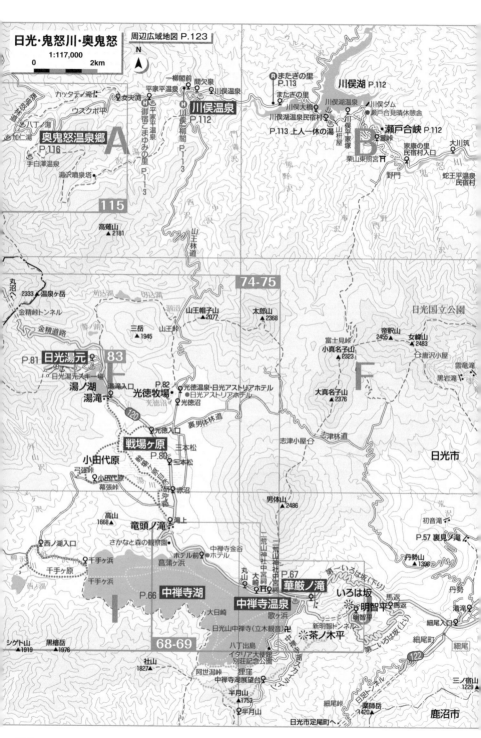

日光・鬼怒川・奥鬼怒

1:117,000

0　　　　2km

N

周辺広域地図 P.123

カッタテノ滝

ウスクボ平

女夫淵

柳潭前

平家平温泉

間欠泉

川俣湖 P.112

R またぎの里 P.113

またぎの湯

川俣湖温泉

川俣湖 P.112

川俣大橋

川俣ダム

瀬戸合見晴休憩舎

八丁ノ湯

御宿こまゆみの里 P.113

川俣温泉 P.112

川俣湖温泉民宿村 P.113 上人一休の湯

川俣平家屋

瀬戸合峡 P.112

奥鬼怒温泉郷 P.116

加仁湯

手白澤温泉

湯沢噴泉塔

平家平温泉

門跡

栗山東照宮

家康の里 民宿村入口

大川筑

蛇王平温泉 民宿村

A

B

野門

115

高薙山 ▲2181

日光国立公園

温泉ヶ岳 2333▲

74-75

山王帽子山 ▲2077

太郎山 ▲2368

金精峠トンネル

金精道路

三岳 ▲1945

山王峠

帝釈山 2455▲

女峰山 ▲2483

唐沢小屋

丸沼

P.81

日光湯元 P.82

83

富士見峠

小真名子山 ▲2323

雲竜渓

黒岩滝

湯ノ湖

湯滝

光徳牧場

光徳温泉・日光アストリアホテル

日光アストリアホテル

光徳沼

大真名子山 ▲2376

120

光徳入口

裏男体林道

志津林道

日光市

戦場ヶ原

P.80

三本松

三本松

赤沼

志津小屋谷

小田代原

弓張峠

小田代原

幕張峠

男体山 ▲2486

高山 1668▲

竜頭ノ滝

滝上

初音滝

P.57 裏見ノ滝

西ノ湖入口

さかなと森の観察園

中禅寺金谷ホテル

二荒山神社中宮祠

丹勢山 ▲1398

千手ヶ浜

千手ヶ浜

P.66 中禅寺湖

ホテル前

菖蒲ヶ浜

大崎

丸山

P.67

華厳ノ滝

第一いろは坂（下り）

いろは坂

丹勢

明智平

馬返

細尾山入口

I

中禅寺温泉

歌ヶ浜

新明智トンネル

明智平

馬返

細尾町

シゲト山 ▲1919

黒檜岳 ▲1976

68-69

大日崎

日光山中禅寺（立木観音）

茶ノ木平

第二いろは坂（上り）

122

細尾

社山 1827▲

八丁出島

イタリア大使館別荘記念公園

狸窪

中禅寺湖畔

二荒山神社

阿世潟峠

中禅寺湖展望台

半月峠

日足トンネル

薬師岳 ▲1420

三ノ宿山 ▲1229

半月山 ▲1753

平月山

日光市足尾町へ

細尾峠

鹿沼市

川治ダムサイト　川治ダム　五十里湖へ
八汐湖　　　バタ大橋　　かわじゆもと　　川治温泉　P.102
小指　　　戸中　　　　　　　　　1007▲　　　103
土呂部　　　　　戸中　　南平山　　かわじ
　　　　　　野尻　　　　　川治温泉駅(前)　おんせん
　　　野尻　　　　　　　　　　　もみじ
日向　　　旧栗山中学校前　　　　　ライン
栗山ふるさと物産センター　P.113 Ⓢ　　　野岩鉄道会津鬼怒川線
松ノ木平　　　大日向山▲　　　　　ほっとスパ・ライン
黒部　青柳平　松木平　1177　　　日岩　　　D
北の路　　　　　　　　　　　　　　　　　　93
黒部　四季の湯Ⓗ　日蔭　　　　　　　P.100 龍王峡・
上栗山　　観光ドライブイン前唐沢　日蔭温泉　　　りゅうおうきょう
蛇王の滝　青柳平　　　　　　　　　　　十二神社前
上栗山　栗山行政センター　　　　　　龍王峡ライン
蛇王ノ滝　　　　　　　　　　　　　　鬼怒川温泉滝　しんおうはら
　　　　　　夫婦山　　　　　　　丸山　852▲　藤原
　　　　　　▲1342　　　　　　きぬがわこうえん　水辺
　　　　　　　　　　　栗山ダム　　鬼怒川温泉　　藤原
上栗山牧場　大笹山　　　　　　　　ロープウェイ
　　　　　　▲1297　　月山　　　温泉　中央口
　　　　　　　　　　　▲1287　　鬼怒川温泉　P.85
大笹牧場　　　　　　　　　　　　藤原行政センター
大笹牧場　　　　　　　　　　　　　　　きぬがわ
大笹牧場　　栃木県　　　　　　　おんせん　鬼怒川温泉
　　　　　　　　　　　　今市ダム　怒川道路　大原
六方沢橋　　　丸山ハイキング　　　　　　　大原●
九山▲1689　　コース　　59　　とうぶわーるどすくうぇあ
赤薙山　　キスゲ平　霧降高原　大山　　東武ワールド
▲2011　　　大山ハイキング　▲1158　スクウェア P.89
第一駐車場入口　コース　霧降牧場　　鬼怒川レジャー公園
　　　　　　　　　　　　　H　　　　鬼怒川レジャー公園前
　　　　　　　　　　　　霧降高原　グランディ・イソーラ
歩道口　　　高原歩道入口　　G　　　P.90 江戸ワンダーランド
P.84 大江戸温泉物語　鳴沢　玉簾滝　P.58　日光江戸村
日光霧降　Ⓗ　隠れ三滝入口　丁字滝　　日光江戸村
日光霧降CCⒽ　霧降　霧降ノ滝　　　　柄倉入口　高徳
外山　　霧降の滝　Ⓡ山のレストラン P.60　　しんたかとく
▲880　小倉山　霧降　　　　　　　前原宿　高徳
　　　▲754　　　　　　　　　　　　　　鬼怒川CC
P.43 滝尾神社Ⓣ　小倉山温泉春暁庭ゆりん P.60
白糸の滝　荻垣面　五美　霧降大橋　　　大桑町
P.13 日光山内　二荒山神社 P.38　所野　　大桑町入口　上大桑
P.40 輪王寺大猷院卍　日光東照宮 P.29　高百　高畑　日光杉並木
寂光ノ滝　　日光山輪王寺 P.36　　　　会津西街道　おおくわ
含満ガ淵　　　　　所野公園　　　　　　倉ケ崎
日光植物園　神橋　とうぶにっこう　広久保　倉ケ崎新田
16-17　行政センター　　　　　　　　瀬尾　今市
日光和の代温泉やしおの湯 P.57　日光CC　だいや川公園　日光杉並木
清滝　松原町　　　　　　　　　　　　かみいまいち
清滝IC　　日光IC　日光宇都宮道路　119　日光杉並木
鳴虫山　　　　　　日光小学校前　　　報徳二宮神社
▲1104　　　　　　　日光線　　　瀬川　しもいまいち
滝ケ原峠　　　　　　　日光口PA　　春日町　今市
山久保　　　今市IC　　　　　　今市　進分地蔵尊
白沢　　　　　　　　（日光道）　今市市役所　日光杉並木
　　　　　　　　　　　宇都宮ICへ、鹿沼へ　　吉沢　日光街道

さくいん

制作スタッフ

取材・執筆・編集	村 昌子　小島祐子（あむすく）
編集協力	株式会社千秋社 舟橋新作 高砂雄吾（有限会社ハイフォン）
写真	あむすく 管 洋志 日光山輪王寺 日光市観光協会 （財）自然公園美化管理財団日光支部 （日光湯元ビジターセンター） 日光市栗山総合支所観光課 きれいカメラギャラリー amanaimages 湯西川・川俣・奥鬼怒温泉観光協会
カバーデザイン	寄藤文平＋鈴木千佳子（文平銀座）
イラスト （カバー＋てくちゃん）	鈴木千佳子
本文デザイン設計	浜名信次（BEACH）
イラスト（p.34,44,46）	市川興一
地図制作	株式会社千秋社 オゾングラフィックス
Special Thanks to	日光東照宮 日光山輪王寺

ブルーガイド てくてく歩き 3
日光・戦場ヶ原・奥鬼怒
（にっこう・せんじょうがはら・おくきぬ）

2021年7月20日　第10版第1刷発行

編 集	ブルーガイド編集部
発行者	岩野裕一
印刷・製本所	大日本印刷株式会社
DTP	株式会社 千秋社
発行所	株式会社 実業之日本社 〒107-0062 東京都港区南青山5-4-30 CoSTUME NATIONAL Aoyama Complex 2F
電話	編集・広告 03-6809-0452 販売 03-6809-0495 https://www.j-n.co.jp/